LA GUERRE DE 1866

SES CAUSES DIRECTES ET INDIRECTES
NÉCESSITÉ D'UN REMANIEMENT DE LA CARTE DE L'EUROPE
DOCUMENTS DIPLOMATIQUES
FORCES RESPECTIVES DES PUISSANCES BELLIGÉRANTES, ETC.

OUVRAGE

Indispensable à tous ceux qui veulent suivre les événements

PAR

JULES LADIMIR

Auteur de l'*Histoire de la guerre d'Orient*, de la *Guerre d'Italie*, etc.

ET

ALFRED TRANCHANT

Ancien rédacteur du journal l'*Ordre*

« La question des duchés est la torche
qui mettra le feu à l'Europe. »
(LORD PALMERSTON.)

PARIS

COURNOL, LIBRAIRE-ÉDITEUR, RUE DE SEINE, 20

—

1866

LA GUERRE DE 1866

A LA MÊME LIBRAIRIE

Ouvrages des mêmes Auteurs :

Les Femmes militaires de la France, 1 beau vol. in-8° orné de 20 portraits en pied.

En préparation :

Les Femmes militaires de tous les pays.

Imprimé par Charles Noblet, rue Soufflot, 18,

LA

GUERRE DE 1866

SES CAUSES DIRECTES ET INDIRECTES
NÉCESSITÉ D'UN REMANIEMENT DE LA CARTE DE L'EUROPE
DOCUMENTS DIPLOMATIQUES
FORCES RESPECTIVES DES PUISSANCES BELLIGÉRANTES, ETC.

OUVRAGE

Indispensable à tous ceux qui veulent suivre les événements

PAR

JULES LADIMIR

Auteur de l'*Histoire de la guerre d'Orient*, de la *Guerre d'Italie*, etc.

ET

ALFRED TRANCHANT

Ancien rédacteur du journal l'*Ordre*

« La question des duchés est la torche qui mettra le feu à l'Europe. »
(LORD PALMERSTON.)

PARIS

F. COURNOL, LIBRAIRE-ÉDITEUR, RUE DE SEINE, 20

1866

LA GUERRE

I

La guerre. — Ses causes directes. — Résumé historique des complications auxquelles a donné lieu l'affaire des duchés de l'Elbe. — La politique du gouvernement français en Allemagne.

Dans un ouvrage récemment publié par M. Ernest Feydeau contre les excès du luxe moderne, cet auteur constate de la façon suivante l'affaissement des esprits et le relâchement des mœurs à notre époque :

« .... Lorsque les peuples sont vieux, amollis par une civilisation poussée à outrance, qu'à la guerre qui tient les âmes en haleine, ils préfèrent la paix qui énerve, la paix si favorable aux arts, aux sciences, aux études spéculatives, au commerce ; lorsque, de plus, ces peuples se sont enrichis par le travail et par l'épargne, c'est la recherche du bien-être qui devient leur suprême préoccupation. Et alors, chez ces peuples matérialisés, les citoyens les moins favorisés par la fortune n'attendent plus, pour se ruer sur les plaisirs, d'avoir acquis, par le travail, des droits au fastueux désœuvrement qui apparaît aux yeux de tous comme le plus grand des biens. Ignorant quelle sera la durée de leur existence, n'en concevant, n'en souhaitant peut-être pas d'autre, ils se hâtent d'arracher à celle qu'ils tiennent toutes les jouissances qu'elle comporte. Ce sera toujours autant de gagné, selon eux, sur les peines, les inquiétudes, les maladies et la mort finale. »

Le relâchement des mœurs vient-il, comme l'affirme l'écrivain, des progrès incessants du luxe? Pas plus qu'il ne vient de la littérature et de l'art. Il s'agit de ne pas prendre ici l'effet pour la cause. Cependant cette sorte de décadence n'en est pas moins réelle.

Existe-t-il quelque remède à ce mal? M. Ernest Feydeau en trouve deux. Les voici :

« Le premier, dit-il, que je ne conseille pas, mais que je ne puis me dispenser d'indiquer, est la guerre.

Non la guerre telle qu'on la fait aujourd'hui, humaine, *convenable*, ne durant guère plus d'une année, mais une guerre de conquête, terrible, inexorable, sans merci ni trêve, telle que l'entendaient les Romains, telle que la fit, du temps de nos pères et avec le sang de nos pères, le grand Empereur. La guerre avec toutes ses violentes péripéties, ses poignantes émotions, ses sacrifices, ses dévouements, ses sanglantes hécatombes, ses renoncements, ses vertus; la guerre qui mûrit hâtivement les enfants et qui fait sangloter les mères; la guerre, enfin, atroce, anthropophage, nous refoulant en plein dans la barbarie, mais nous rendant, avec les actions sauvages de la barbarie, les qualités viriles que nous n'avons plus : le mépris de la vie, la passion de la gloire, et, par-dessus toute chose, l'élévation des caractères.

« Le second, ajoute en terminant M. Feydeau, le second, c'est la liberté. »

Nous ne nous arrêterons pas à réfuter ce singulier paradoxe, que nous avons reproduit seulement comme un curieux spécimen des opinions qui se produisent aujourd'hui; nous sommes de l'avis de M. Feydeau, quant à son second remède, la *liberté*, pourvu que ce mot soit entendu de la bonne façon.

Avec beaucoup d'esprits éminents, nous pensons que la guerre est un reste de la barbarie, un état transitoire de l'humanité. Elle a été faite d'abord par les sauvages dans un but d'anthropophagie, puis par les barbares, avec incendie et massacre. La civilisation l'a soumise au droit des gens. Ce progrès est un acheminement vers sa disparition complète. Il faut qu'un lien stable s'établisse entre les peuples et qu'ils régularisent les moyens de s'entendre. Jusqu'à ce jour, les congrès ont été temporaires; il est nécessaire qu'ils deviennent permanents et qu'il se crée en Europe un tribunal supérieur, formé des mandataires de toutes les puissances, jugeant régulièrement, et même avec publicité, les questions internationales. Tant qu'une semblable institution n'existera pas, la guerre sera encore une nécessité.

Il est certain, en effet, qu'un tribunal comme celui que nous venons d'indiquer eût résolu les difficultés qui font naître aujourd'hui en Europe une conflagration générale. L'exposé des causes de la guerre le fera suffisamment comprendre. Nous empruntons en grande partie ce récit des faits à M. Thiers, qui possède, comme on sait, à un haut degré le don éminent de résumer et, pour ainsi dire, de cristalliser les idées.

Parmi les modernes agglomérations d'hommes, le Danemark mérite certainement une vive sympathie. C'est un petit État qui ressemble à ces hommes dont Saint-Lambert disait au siècle dernier : Ils ont le tempérament vertueux ; un de ces petits États qui n'ont jamais songé à usurper sur le voisin, qui n'ont songé qu'à défendre leur indépendance, comme la Hollande et la Suisse. Soldats et marins, les Danois ont placé leurs intérêts dans ce grand intérêt européen, la liberté des mers.

Pour la liberté des mers, ils ont soutenu, au commencement de ce siècle, une controverse mémorable qui a immortalisé le nom de M. de Bernstorf. En 1807, pour ce grand intérêt, ils faisaient entendre à l'Europe le canon de Copenhague, et l'on sait quelle bataille héroïque ils livraient contre le formidable Nelson.

Aussi l'Europe reconnaissante leur avait maintenu constamment cette garde du Sund, dont ils avaient été les portiers désintéressés et vigilants. La France, en particulier, devait au Danemark de la gratitude e une fidélité inviolable.

En effet, lorsque Napoléon était déjà à l'île d'Elbe, lorsque l'intrépide maréchal Davoust, enfermé dans Hambourg, résistait aux armées coalisées pour ne pas livrer, sans un ordre du roi de France, l'armée et le grand matériel réunis dans cette place, que faisait le Danemark? Il restait seul fidèle au maréchal jusqu'au moment où l'héroïque soldat lui disait : « Je ne puis rien pour vous; vous ne pouvez rien pour moi; séparons-nous. »

Et comment le Danemark fut-il récompensé de sa fidélité à la France? On lui prit le beau royaume de Norwége, en lui donnant pour dédommagement ce petit duché de Lauenbourg, que la Prusse et l'Autriche lui reprirent plus tard et que la première de ces puissances acheta à la seconde au prix de cinq à six millions, à peu près ce qu'un de nos grands financiers paierait une maison de plaisance.

Le Danemark cependant demeura paisible, pratiquant jusqu'à ces derniers temps la profession de peuple commerçant; mais il avait ses deux beaux et fertiles duchés, le Schleswig et le Holstein, qui excitaient les convoitises de son puissant voisinage.

Tout le monde connaît cette géographie que des événements récents nous ont suffisamment apprise. Tout le monde sait que ce composé d'îles est relié au continent allemand par une langue de terre que l'Eider divise en deux parties : le Holstein, qui confine au territoire allemand, et le Schleswig, qui confine au Jutland. Dans le Holstein, à cause de la proximité de l'Allemagne, il y a beaucoup d'Allemands ; c'est une province allemande. Mais le Schleswig, où il n'y a que peu d'Allemands, n'a jamais été une province germanique, n'a jamais appartenu à la Confédération. L'Allemagne, qui est une nation profondément honnête, mais passionnée, n'avait pas sur le Schleswig plus de droits qu'elle n'en aurait sur l'Alsace, où l'on parle allemand. A l'égard du Holstein, jusqu'où allait le droit de l'Allemagne ? jusqu'au droit de la Confédération germanique sur les provinces qui en font partie. Elle ne pouvait pas dire au souverain : Vous constituerez cette province de telle ou telle façon.

La Diète pouvait seulement, en cas de contestation sur la Constitution, ordonner l'exécution fédérale, c'est-à-dire ordonner à telle ou telle province de la Confédération de se transporter sur les lieux, d'y faire en quelque sorte un acte possessoire, en attendant qu'un tribunal décidât. La Diète n'avait à l'égard du Holstein qu'un droit de juridiction, nullement un droit de conquête, car il n'y a pas de droit de conquête à l'égard d'un confédéré.

Déjà, en 1848, on avait essayé de troubler la possession du Danemark dans les duchés. Une guerre eut lieu; mais l'Europe intervint : la Prusse, qui avait à sa tête un prince modéré, s'arrêta, et la paix fut négociée. Tout était pacifié, lorsqu'en 1852 le roi de Danemark, craignant que la question de la succession n'engendrât des difficultés après sa mort ou après celle de son fils, voulut la régler d'avance. Il choisit le prince de sa famille qui lui parut réunir à la fois le plus de droits et le plus d'aptitudes; il se mit d'accord avec son peuple, et, cela fait, il s'adressa à l'Europe, cette grande autorité si élevée qui représente la société universelle lorsqu'elle intervient dans un arrangement de succession, et qu'elle le déclare conforme au droit, conforme à l'intérêt européen, conforme à cet équilibre si nécessaire à l'indépendance des nations. Le Danemark appela la France, l'Angleterre et la Russie, pour les puissances continentales et maritimes; l'Autriche et la Prusse, pour l'Allemagne, et enfin la Suède. L'Europe, ainsi convoquée, fit le traité de 1852, qui déclare que, dans l'intérêt de l'équilibre européen, l'intégrité du Danemark doit être maintenue. Ce traité fut signé par la Prusse et l'Autriche. A cet intérêt la Russie fit le sacrifice de ses droits dynastiques sur le Holstein. La famille d'Augustenbourg prétendait avoir des droits sur les duchés. Pour lui ôter même le prétexte d'une réclamation, on lui donna 10 millions qu'elle accepta. L'Europe avait consacré le traité. Aux puissances signataires étaient venus se joindre la Hollande, la Belgique, l'Espagne, le Portugal, le Piémont, la Toscane, le royaume de Naples et la Grèce. La Confédération germanique n'avait pas, il est vrai, été consultée. Après la guerre de 1848, on craignait, en la convoquant, de déchaîner les orages que renferme la question des nationalités; on avait pensé qu'il valait mieux s'adresser séparément aux diverses puissances allemandes : le Hanovre, la Hesse, le Wurtemberg, la Saxe elle-même donnèrent leur adhésion.

Tout semblait terminé. Mais le roi Frédéric étant mort dans un moment où les idées, qui avaient prévalu en Italie et y avaient créé l'unité, produisaient en Allemagne un effet considérable, une tempête imprévue fond sur le Danemark. On soulève la question des droits du duc d'Augustenbourg, on l'attire de sa personne sur les lieux. La Diète elle-même veut accorder quelque chose à la popularité; elle ordonne l'exécution fédérale sous prétexte que le Holstein n'était pas constitué comme on avait voulu qu'il le fût.

La Saxe et le Hanovre acceptent la mission dont la Diète les investit; leurs troupes entrent dans le Holstein. Que font les Danois? Reconnaissant que la procédure en elle-même est régulière, ils se retirent derrière la ligne qui sépare le Holstein du Schleswig où ils étaient chez eux, résolus à se défendre. La Diète entre donc en possession paisible du Holstein, mais seulement à titre de dépôt. A ce moment, l'Autriche et la Prusse assistaient froidement à ce spectacle. L'Autriche avait alors pour premier ministre le regrettable M. de Schmerling, qui voyait avec appréhension le débordement de ces idées nouvelles de nationalité.

Le ministre de la Prusse, M. de Bismark, restait, lui aussi, observateur attentif et inerte. Il voyait dans ce qui se passait en Allemagne une saillie très-vive de cet esprit libéral avec lequel il était aux prises, et il disait au Danemark de ne pas s'inquiéter. Tout à coup, on ne sait quel génie a parlé à son esprit, il change de politique; il paraît croire qu'une manière de se dispenser d'être libéral, c'est de jouer le démocrate. Il dit aux patriotes allemands qu'il va prendre en main la cause de la Confédération, et il marche sur les duchés. L'Autriche s'unit à la Prusse pour une action commune, dans la pensée de modérer l'ardeur, la véhémence du ministre prussien.

Alors 80,000 Prussiens et Autrichiens fondirent sur les duchés et arrivèrent sur cette frontière du Schleswig, qui est la grande position du Dannewirk. Les Danois étaient 15,000; ils firent une défense héroïque. Ils furent accablés, mais en tenant fermement le drapeau de leur pays, et leur armée, réduite d'un quart au moins, se retira dans l'île d'Alsen.

Cet événement causa en Europe une vive émotion. L'Angleterre s'y montra sensible et proposa aux divers États une conférence. Malheureusement le moment était mal choisi. La France avait, peu de temps auparavant, proposé un congrès européen pour faire entendre à la Russie, vis à vis de la Pologne, un langage d'humanité. Cette proposition avait été éludée, et l'Angleterre avait été chargée d'exprimer à la France le refus des puissances. L'Angleterre avait énoncé ce refus avec une certaine raideur. La France cependant oublia ses rancunes, accepta la conférence, et, voyant qu'on ne pouvait s'accorder pour soutenir le traité de 1852, invoqua le principe des nationalités qui consistait à consulter les populations.

Les diplomates anglais, russes et suédois, défendirent le traité de 1852 et en réclamèrent le maintien; la Prusse et l'Autriche demandèrent que les duchés fussent séparés du Danemark et réunis sous la souveraineté du prince d'Augustenbourg. Lord John Russell, représentant de l'Angleterre, proposa de sacrifier le Holstein, mais en demandant que, pour prix de ce sacrifice, le Schleswig fût laissé au Danemark. Les diplomates anglais, russes, suédois et même danois acceptèrent cette transaction. Ils firent plus, ils accordèrent, non-seulement la rive gauche de l'Eider, c'est-à-dire le cours d'eau qui doit devenir ce fameux canal par lequel les flottes allemandes pourront passer de la mer Baltique dans la mer du Nord, mais même une partie de la rive droite. Ils demandèrent seulement qu'en prenant au Danemark le Holstein et une partie du Schleswig, on lui laissât au moins une frontière. Or, on sait que le Danemark n'en a pas d'autre de ce côté que le Dannewirk, suite de positions élevées reliées à des golfes très-étroits, et où l'on a fait depuis longtemps de grands travaux. 'était le cas pour l'Allemagne de se contenter du canal de l'Eider, du port de Kiel, et de laisser au Danemark une frontière qui pût être défendue. Il y eut alors une dernière lutte des plus vives, des plus ardentes. Le diplomate français persista à dire que le meilleur parti serait de consulter les populations. Dans cette situation, la conférence ne put aboutir, et on se sépara.

La guerre fut reprise avec vigueur; 80,000 Autrichiens et Prussiens n'eurent pas de peine à venir à bout des débris de l'armée danoise, et le Schleswig et le Holstein furent enlevés au Danemark par le traité de paix signé à Vienne au mois d'octobre 1864.

Les troupes allemandes du Hanovre et de la Saxe, chargées de l'exécution fédérale, étaient restées dans le Holstein. La Prusse, ramenant ses soldats victorieux, les trouva sur son chemin : elle leur demanda ce qu'elles faisaient là et leur dit de s'en aller.

— Ce que nous faisons là ? lui répondit-on ; mais nous avons seuls le droit d'y être, car seuls nous y sommes au nom de la Confédération.

La Prusse les somma de se retirer. Le Hanovre obéit pour dégager sa responsabilité. La Saxe, plus fière, déclara qu'elle allait consulter la Confédération. La Diète, craignant une collision, répondit à la Saxe : Retirez-vous ! La Saxe se retira. C'est ainsi que la Prusse resta maîtresse des provinces envahies avec l'Autriche, toujours sa fidèle suivante dans les événements. Elle se tourna alors vers le duc d'Augustenbourg, et elle l'invita à se retirer, en le menaçant, s'il n'obéissait pas, de faire marcher quelques gendarmes prussiens.

On ne pouvait oublier cependant tout à fait que c'était pour lui, et en son nom, que les duchés avaient été contestés au Danemark ; et à ses réclamations, on répondit qu'on allait consulter les syndics de la couronne, qui examineraient à qui appartenait la souveraineté des duchés.

L'Autriche ne réclamait aucune part des duchés. Cependant, par condescendance pour le courant général des idées, elle ne voulut pas se séparer de la Prusse, quoiqu'elle tînt une conduite un peu différente, et cherchât à modérer l'ambition de son alliée en lui adressant de vives représentations. Mais la Prusse parut tellement menaçante, que ces deux puissances semblèrent sur le point d'en venir aux mains. Toutefois, le roi de Prusse et l'empereur d'Autriche, sentant les dangers et la gravité d'une guerre civile en Allemagne, s'arrêtèrent pendant qu'il en était encore temps.

La convention de Gastein fut signée : c'était un moment de répit avant d'arriver à l'extrémité d'une guerre générale. Il fut convenu que l'Autriche garderait provisoirement le Holstein, et la Prusse le Schleswig, que chacune administrerait suivant ses idées. Et alors l'Autriche laissa se produire dans le Holstein les manifestations en faveur du duc d'Augustenbourg, tandis que la Prusse les interdisait absolument dans le Schleswig.

On attendait toujours la décision des syndics de la couronne dont il a été question tout à l'heure. Ces jurisconsultes déclarèrent que le duc d'Augustenbourg n'avait aucun droit sur les duchés, qu'ils appartenaient légitimement au roi de Danemark, Christian IX; mais que, à la suite de la guerre, ils étaient devenus, par droit de conquête, la propriété du roi de Prusse.

L'Autriche ne voulut pas accepter une pareille décision; elle soutint que les duchés devaient rester à la Confédération. La Prusse, voyant là un *casus belli*, fit un traité d'alliance offensive et défensive avec l'Italie, qui ne demandait qu'une occasion de ressaisir la Vénétie; puis elle dit à l'Autriche, laquelle prenait naturellement ses précautions : « Vous armez ; je vais armer à mon tour; désarmez, je désarmerai. »

Le cabinet de Vienne, se fondant sur les mouvements de troupes italiennes qui avaient lieu de l'autre côté du Pô, déclara que, tout en désarmant en Bohème, il se croyait obligé de tenir son armée sur le pied de guerre en Vénétie et de pourvoir à la protection de son littoral sur l'Adriatique. La Prusse, en réponse à cette communication, fit savoir à Vienne qu'elle ne pourrait revenir sur les dipositions qu'elle avait prises si l'Autriche ne désarmait dans le Sud aussi bien que dans le Nord. Il devenait évident que le canon seul trancherait la difficulté. Tous les Etats secondaires de l'Allemagne, intéressés de près ou de loin dans ce conflit, se mettaient sur le pied de guerre et les diverses puissances de l'Europe en faisaient autant dans la prévision des éventualités qui pouvaient se produire.

Quelle était dans toute cette affaire la conduite du gouvernement français ?

Le ministre d'Etat la caractérisa brièvement devant le Corps législatif dans les termes suivants :

Politique pacifique ;

Neutralité loyale ;

Entière liberté d'action.

La première de ces propositions a été développée par M. de Cesena, dans un article étayé de documents officiels que nous croyons utile de reproduire.

La mort du roi de Danemark, Frédéric VII, ayant compliqué d'une question de succession l'affaire des duchés de l'île d'Elbe qui avait fait naître depuis quelque temps de sérieuses préoccupations, le ministre des affaires étrangères adresse, le 23 décembre 1863, aux agents diplomatiques français, une dépêche pour appeler sur les événements leur attention particulière :

« ... Nous voudrions espérer, dit-il, que cet incident, — la question de succession soulevée à Francfort, — pourra être écarté, et que les contestations antérieures relatives aux Duchés seront prochainement aplanies.

« Mais nous sommes malheureusement obligés par les dispositions des esprits dans le Schleswig et dans le Holstein, aussi bien que par les démarches de plusieurs gouvernements allemands à Francfort, de prévoir plutôt un surcroît de complications. Je vous invite à me faire connaître les appréciations que cet état de choses ne manquera pas de suggérer autour de vous. »

Peu de temps après, le général Fleury, aide de camp de l'Empereur, est envoyé en mission extraordinaire à Copenhague, à l'occasion de l'avénement du nouveau roi; il reçoit du ministre des affaires étrangères, M. Drouyn de Lhuys, à la date du 9 décembre 1863, une dépêche dans laquelle on lit :

« Vous trouverez ce pays dans une situation difficile. La Diète de Francfort vient d'ordonner, au nom de la Confédération germanique, une exécution dans le Holstein et le Lauenbourg, mesure qui implique l'envoi d'un corps de troupes et la substitution provisoire des pouvoirs fédéraux à ceux du roi de Danemark.

« Au milieu d'événements si complexes, *une grande réserve nous est commandée*. . Il est toutefois un point sur lequel nous ne pouvons éprouver aucune hésitation à manifester notre sentiment. Depuis l'origine du différend, d'accord avec l'Angleterre et la Russie, nous avons toujours recommandé au cabinet de Copenhague de remplir les engagements qu'il a contractés envers l'Allemagne... Si l'occasion vous en est offerte par le roi et par ses ministres, c'est en ce sens que vous êtes autorisé à vous exprimer. »

Cependant le gouvernement britannique avait proposé, d'abord, que les quatre puissances non allemandes, signataires du traité de 1852, se réunissent pour représenter à la Diète que l'envahissement du Schleswig serait un acte de guerre; puis, « de déférer l'affaire du Danemark à une médiation. » Tout en signalant les difficultés que l'état des esprits en Allemagne et dans le Danemark oppose au succès de semblables démarches, le gouvernement français s'associe à la pensée du cabinet britannique, et il indique la forme dans laquelle pourrait s'exercer de la manière la plus utile l'action des puissances (dépêche du 5 janvier 1864) :

« ..... La position que les deux grandes cours germaniques ont conservée dans le débat rend plus facile aux cabinets signataires du traité de Londres d'agir auprès d'elles que d'exercer une pression directe à Francfort, et, n'ayant cessé, depuis l'origine des complications actuelles, de faire appel à leur esprit de conciliation aussi bien qu'à leur intérêt pour le maintien de la paix, nous sommes prêts à renouveler dans ce sens nos efforts. Notre intention n'est pas d'ailleurs de garder le silence au siége de la Diète, et, sans prescrire au ministre de l'Empereur près la Confédération une démarche officielle, je compte l'inviter à s'exprimer avec les membres de l'assemblée de Francfort de la manière la plus conforme à la gravité des événements. »

La guerre n'a pu être évitée. Le gouvernement français explique ainsi qu'il suit, dans une dépêche circulaire du 12 février 1864, sa situation et ses intentions dans ces nouvelles conjonctures :

« La politique du gouvernement de l'Empereur dans l'affaire des duchés de l'Elbe a été constamment une politique *de conciliation et de paix*. Nous avons prêté les mains *à toutes les tentatives d'arrangement*, en nous inspirant à la fois de nos anciennes sympathies pour le Danemark, et des ménagements qui nous semblaient dus au sentiment national de l'Allemagne. »

Cette dépêche donne des détails précis sur les différentes tentatives de conciliation et sur la part que la France y a prise, et elle ajoute :

« Notre adhésion est acquise d'avance à toute démarche qui tendrait à arrêter l'effusion du sang. Le cabinet de Londres ayant récemment conseillé la conclusion d'un armistice, nous nous sommes associés à cette pensée... Nous n'en continuerons pas moins à seconder tous les efforts qui pourront être faits en faveur du rétablissement de la paix. »

La même pensée se retrouve exprimée dans une dépêche du 28 février 1864, à l'occasion de la proposition d'une conférence faite par le gouvernement britannique. Cette dépêche contient les lignes suivantes :

«... Fidèles aux principes qui nous ont constamment dirigés, nous serons heureux de seconder tous les efforts qui pourront être faits pour hâter le terme de la guerre. »

En renouvelant son assentiment au projet d'une conférence, le gouvernement français rappelle dans une dépêche de M. Drouyn de Lhuys, en date du 14 mars 1864, à notre ambassadeur à Londres, « qu'il a toujours jugé nécessaire que la Confédération germanique fût représentée par un plénipotentiaire spécial, afin que la paix entre l'Allemagne et le Danemark se réalise dans des conditions propres à en assurer la durée. »

Une seconde dépêche, du 23 mars, charge notre ambassadeur à Londres d'annoncer officiellement au cabinet anglais que la France accepte la conférence. Le ministre des affaires étrangères y dit encore :

« Je n'ai plus rien à vous apprendre sur le désir du gouvernement de l'Empereur de voir se terminer une lutte armée qu'il n'a pas dépendu de nous de prévenir. Nous avons attesté la sincérité de nos sentiments en accordant notre appui à toutes les démarches qui ont été tentées auprès des belligérants. Nous considérons, du reste, comme le devoir des neutres de faire tout ce qui est en leur pouvoir pour rapprocher le moment de la paix. C'est le rôle que le droit public leur assigne dans tous les conflits internationaux, et nous serons heureux de le remplir dans la guerre actuelle, où nous voyons avec regret aux prises deux intérêts que nous aurions à cœur de concilier. »

Au moment où la conférence s'apprête à commencer ses travaux, le 12 avril, le ministre s'exprime ainsi :

« La conférence qui va se réunir consacrera tous ses efforts à rétablir la paix entre l'Allemagne et le Danemark, et nous ferons tout ce qui dépendra de nous pour que ces travaux aient une heureuse issue.

« Mais cette tâche a ses difficultés ; elle peut éprouver des retards qu'il est sage de prévoir, et il serait affligeant de penser que les parties belligérantes continueront de se battre pendant que les plénipotentiaires délibéreront à Londres. Dans un sentiment d'humanité aussi bien que dans l'intérêt des négociations, le gouvernement de l'Empereur regarde comme infiniment désirable qu'une suspension d'armes intervienne le plus tôt possible.

« ... On pourrait procéder ainsi qu'on l'a fait dans la dernière des grandes délibérations européennes et suivre l'exemple donné par le congrès de Paris. Aussitôt qu'il fut constitué, il décida d'un accord unanime de conclure un armistice... Il serait digne de la conférence d'inaugurer ses travaux par un acte de la même nature, et nous serions heureux que telle fût l'opinion de toutes les puissances. »

Les négociations marchent péniblement. Une dépèche de notre ambassade à Londres fait connaître que lord John Russel « se propose de prononcer, dans la prochaine réunion des plénipotentiaires, un discours dans lequel il reconnaîtra l'impossibilité de se maintenir sur le terrain des stipulations de 1852. »

Le ministre français rappelle alors, dans une dépèche du 26 mai 1864, qu'il y a lieu de « rechercher les bases d'une entente dans des dispositions en harmonie avec le sentiment national des deux peuples...; » que « le gouvernement de l'Empereur n'a pas de parti pris et qu'il prêterait volontiers son appui à tout arrangement conforme au vœu des populations loyalement consultées. »

Le 10 juin 1864, le ministre des affaires étrangères déclare que le gouvernement français refuse de prendre concurremment avec l'Angleterre une attitude qui l'entraînerait à « recourir aux armes pour conserver à la couronne de Danemark environ

30,000 âmes de plus dans le Schleswig.» et il ajoute :

« Une démonstration maritime qui nous amènerait à tirer le canon entraînerait pour nous la guerre sur terre et sur mer. Nous ne serions pas libres, ainsi que l'Angleterre, de limiter nos opérations selon notre seule volonté. Malgré nos efforts pour localiser les hostilités, nous réussirions difficilement à les empêcher d'éclater sur nos frontières.

« ..... Devant une éventualité de cette nature, l'Angleterre serait-elle disposée à nous prêter un appui illimité? Le gouvernement de Sa Majesté, en demandant aux grands corps de l'État leur concours, aurait à leur expliquer pour quels avantages le sang de la France va couler. Le cabinet anglais nous mettrait-il à même de répondre à cette question, la première, assurément, qui nous serait faite? Pour nous, notre pensée ne s'est jamais arrêtée sur ce point. Si nous étions guidés par des vues ambitieuses, nous eussions peut-être cherché à mettre à profit l'occasion présente, en nous traçant un plan de conduite propre à les satisfaire. Mais nous sommes demeurés étrangers à cet ordre de considérations. »

La conférence a dû se séparer. La guerre éclate.

L'issue n'en pouvait être douteuse entre un petit peuple n'ayant que 15 à 16,000 hommes de troupes et deux grandes puissances qui avaient, dès le début, mis en campagne une armée de 80,000 hommes. Le Danemark ne peut continuer une lutte trop inégale. Écrivant le 13 juillet 1864 aux ambassadeurs français à Vienne et à Berlin, le ministre des affaires étrangères s'exprime en ces termes :

« Le nouveau cabinet danois a résolu de proposer aux cours de Vienne et de Berlin une suspension d'armes immédiate, afin d'avoir un armistice et de négocier de la paix.

« Le gouvernement danois nous fait exprimer le désir de voir ses démarches appuyées par nous auprès des deux grandes puissances allemandes. Nous ne pouvons que déférer à un vœu aussi digne d'intérêt. Nous avons la persuasion que le Danemark n'aura pas en vain fait appel aux dispositions pacifiques de l'Autriche et de la Prusse, et que les deux cours faciliteront le rétablissement de la paix par l'esprit de modération dont elles se montreront animées dans la discussion des nouveaux arrangements.

« Nous avons d'ailleurs la conviction d'agir en

conformité parfaite avec les intérêts généraux de toutes les puissances, en conseillant aux cours d'Autriche et de Prusse, puisqu'elles le peuvent aujourd'hui, de renoncer à une guerre qui, au point où les choses en sont arrivées, ne pourrait se prolonger sans causer en Europe les plus sérieuses préoccupations. »

Comme on vient de le voir, la politique de la France dans l'affaire des duchés s'est montrée pacifique et conciliante; sa neutralité a été loyale. La liberté d'action qu'elle s'est réservée nous semble parfaitement logique, et nous croyons qu'elle a pris ainsi le meilleur moyen de défendre efficacement ses intérêts et de maintenir sa dignité.

II

Causes indirectes et morales de la guerre. — Nécessité d'un remaniement de la carte de l'Europe. — Opinions de M. Thiers, — de M. Guéroult, — du général G. Pepe, — de M. Thibaudeau, — de M. Victor Hennequin, — de Napoléon III, — de l'*Invalide russe*, — du journal *le Nord*, — du prince de Troubetzkoï. — Le discours d'Auxerre.

Nous avons résumé les causes apparentes et immédiates de la guerre ; il nous reste à exposer ses causes indirectes et morales : elles ont une portée beaucoup plus élevée.

Tout le monde convient que les traités de 1815, qui règlent encore la politique actuelle, ont fait leur temps et que la carte de l'Europe est à remanier. Au sujet de ce remaniement les opinions diffèrent. Nous allons faire connaître les principales en laissant au lecteur le soin de juger entre elles :

Écoutons d'abord M. Thiers :

« Les Allemands sont travaillés depuis des années déjà par des idées qui, retenues dans une certaine mesure, peuvent n'offenser en rien ni la France leur voisine, ni l'Europe. Il déplaît aux Allemands que ce qu'ils appellent la patrie allemande, c'est-à-dire l'ensemble des États allemands, soit représentée par une réunion de diplomates, gens de métier, fort savants, peu accessibles aux idées populaires.

« Il leur déplaît que la Diète soit constituée d'une certaine manière, qui ne rend son action ni très-prompte ni très-efficace. Les Allemands voudraient qu'il y eût plus d'unité, et que, grâce à cette unité, leur patrie jouât dans le monde un rôle plus considérable.

« Ce double vœu, renfermé dans une certaine limite, je suis loin de le blâmer, et je comprends que l'Europe assiste à ce spectacle, tranquille, sinon indifférente. Je supplie seulement les Allemands de considérer que dans les idées il faut beaucoup de prudence, que le plus grand principe de la politique européenne, à toutes les époques, est que l'Allemagne soit composée d'États indépendants, réunis par un lien fédératif.

« Ce principe, il a été proclamé par toute l'Europe au congrès de Westphalie; il a été consacré de nouveau quand le grand Frédéric a signé la paix de Teschen; enfin, lorsqu'en 1814 les alliés quittèrent Paris, ils sentirent la nécessité de laisser quelque garantie à la France, cette nation qui n'en restait pas moins grande après sa défaite; l'avenir l'a bien prouvé.

« Cette garantie consista à renouveler le grand principe européen, que l'Allemagne doit être composée d'États indépendants, unis simplement par un lien fédératif. Quand ensuite il fallut rédiger définitivement l'acte fédéral, certaines prétentions, il est vrai, se produisirent; on aurait voulu faire descendre les princes allemands à l'état de préfets, en leur retirant le droit de représentation à l'extérieur.

« Mais le congrès de Vienne ne l'entendit pas ainsi; il maintint le vieux principe de l'Allemagne composée d'États indépendants. Voilà ce que les Allemands ne doivent pas oublier. Qu'ils désirent que la Diète soit formée de membres plus accessibles aux idées du temps, qu'elle soit composée avec plus d'unité, je le veux bien ; mais qu'ils n'oublient pas qu'ils manqueraient à l'Europe, qu'ils manqueraient au grand principe de l'équilibre européen, si l'Allemagne cessait d'être formée d'États indépendants.

« Voilà le vrai, voilà le droit. Qu'ils se défient des efforts d'une puissance qui se sert des idées allemandes pour arriver à un résultat bien différent. Cela est tellement connu, tellement évident, qu'on peut le dire sans manquer à aucune convenance.

« Cette puissance, c'est la Prusse.

« Si une guerre prochaine lui était favorable, elle voudrait s'emparer, non pas de cinquante millions d'Allemands, elle en a seulement quatorze, et on ne passe pas ainsi de quatorze millions à cinquante, quelque fougueux qu'on soit. Il faut mettre quelques relais sur la route.

« Mais ce qui est certain, c'est que la Prusse, si la guerre lui est heureuse, s'emparera de quelques-uns des États allemands du Nord, et ceux dont elle ne s'emparera pas, elle les placera sous son influence. L'Autriche sera admise comme protégée.

« Et alors on verra se produire ce grand phénomène, vers lequel on tend depuis plus d'un siècle : l'empire germanique, qui résidait autrefois à Vienne, résidera maintenant à Berlin, serrant et pressant notre frontière ; et cet empire, au lieu de s'appuyer sur l'Espagne, comme l'ancien empire de Charles-Quint, s'appuiera sur l'Italie. »

M Guéroult, dans l'*Opinion Nationale*, réfute, de la façon suivante, les idées émises par M. Thiers au sein du Corps législatif :

« Quelques esprits chimériques se figurent qu'avec un désarmement on arriverait à la paix. C'est tout simplement intervertir les questions et mettre, comme on dit, la charrue devant les bœufs. On ne se bat pas parce qu'on est armé ; on est armé parce qu'on n'est pas d'accord et qu'on prévoit qu'on se battra. Supposez que tous les armements de l'Autriche et de l'Italie fussent au fin fond de la mer; la paix ne serait pas pour cela plus assurée. Tant que la Vénétie, c'est-à-dire une province italienne par excellence, sera entre les mains de l'Autriche, la guerre existera entre les deux pays; virtuelle ou déclarée, elle sera dans les esprits, dans les cœurs; et si les fusils manquaient, on se battrait plutôt à coups de poing. Ce qui fait la guerre, ce n'est pas la quantité de fusils rassemblés sur un point quelconque, c'est la volonté de s'en servir, et quand on veut la paix, c'est cette volonté qu'il faut changer; sinon rien n'est fait.

« Dans la situation présente, deux questions ont été soulevées; il s'agit de reconstituer l'Allemagne et de compléter l'Italie.

« Pourquoi reconstituer l'Allemagne? Parce que l'Allemagne est humiliée d'une organisation politique qui la condamne à l'impuissance, parce qu'il importe dans son intérêt, dans l'intérêt de l'Europe tout entière, que ce pays, qui est aujourd'hui la vivante image de l'anarchie, emprunte à une organisation plus concentrée une force suffisante pour résister à la pression que la Russie va, dans un avenir prochain, lui faire sentir d'autant plus pesamment, que la Pologne écrasée n'est plus, pour ses maîtres, ni une barrière, ni un danger.

« L'Allemagne formant deux grands Etats, l'un au Nord, l'autre au Sud : l'un sous la direction de la Prusse, l'autre sous celle de l'Autriche; le premier ayant accès dans la Baltique et dans la mer du Nord, par Kiel et Hambourg; le second s'ouvrant sur l'Adriatique par Trieste, et exerçant sa suzeraineté sur tout le cours du Danube jusqu'à la mer Noire, tel serait le plan qui permettrait à l'Allemagne, sans inquiéter la France, de jouer en Europe le rôle auquel lui donnent droit sa population, ses lumières, sa civilisation avancée, et de former, soutenue par la France, une avant-garde redoutable contre les envahissements projetés de la Russie.

« Mais précisément parce que cette reconstitution de l'Allemagne quadruplerait ses forces, l'Italie ne peut pas permettre qu'elle détienne une de ses provinces les plus chères, et qu'elle plonge, par le quadrilatère, jusqu'au cœur même du royaume. Il y a là, pour elle, une raison de sécurité, une question d'indépendance, d'existence même sur laquelle elle ne peut transiger.

« L'Allemagne veut se reconstituer, l'Italie veut se compléter, voilà le double problème à résoudre, soit par la paix, soit par la guerre, mais qu'il n'est pas permis d'éluder ni d'escamoter. Crier contre M. de Bismark, en faire le bouc émissaire chargé des iniquités d'Israël, cela est facile; mais à qui fera-t-on croire que l'Allemagne tout entière se mettrait à la remorque de M. de Bismark, que la paix du monde pourrait être compromise par cet entreprenant personnage, et qu'il ne se trouverait personne dans toute la monarchie prussienne pour lui mettre la main sur le collet et l'envoyer aux petites maisons, si M. de Bismark n'était, comme on voudrait le faire croire, qu'un maniaque, une sorte de fou enragé, s'il n'avait pas touché la fibre nationale, s'il ne représentait pas enfin, plus ou moins exactement, les aspirations, les ambitions, les intérêts de la Prusse, disons mieux, de l'Allemagne du Nord ?

« Si le problème se pose aujourd'hui tel que nous venons de l'indiquer, disons tout de suite que l'Autriche ne doit pas porter, vis à vis de l'Europe, au point de vue de la guerre, une responsabilité moins lourde que la Prusse. En refusant de céder la Vénétie contre des compensations raisonnables, l'Autriche a assuré à la Prusse l'appui de l'Italie, c'est elle qui a formé l'alliance, c'est elle qui a mis, pour ainsi dire, la Prusse à la tête d'une réorganisation, dont elle pouvait, une fois assurée du côté de l'Italie, et certaine de l'appui de la France, prendre l'initiative et avoir l'honneur aussi bien que le profit.

« Si la Prusse est révolutionnaire par initiative, l'Autriche l'est par entêtement et par esprit rétrograde, ce qui est une manière au moins aussi certaine, et plus antipathique, de provoquer les révolutions et les conflits internationaux. L'Autriche est révolutionnaire en s'obstinant à conserver ce qui doit périr, en refusant de faire place à ce qui veut naître. Elle doit être responsable devant l'opinion d'une guerre qui, s'allumant entre nations également civilisées, peut être qualifiée de guerre civile, d'une guerre dangereuse en ce qu'elle ouvre à l'ambition de la Russie de vastes perspectives et des facilités inespérées, alors que toute la politique des nations de l'Europe civilisée devrait n'avoir qu'un seul but, ne se proposer qu'un seul résultat, savoir : de s'unir, de se concerter pour fermer à la Russie la route de l'Occident, et pour rejeter en Asie cette puissance asiatique par son origine et par son génie.

« Lord Chatam disait qu'il ne daignait pas parler politique avec quiconque ne faisait pas, de la nécessité de soutenir l'empire ottoman contre la Russie, le premier article du *Credo* politique de l'Angleterre. Combien plus justement ne peut-on pas dire aujourd'hui que quiconque ne comprend pas la nécessité de constituer fortement les nations du Centre et de l'Occident de l'Europe pour résister à la Russie, ne mérite pas qu'on perde son temps à parler politique avec lui ! Et pourtant, chose singulière ! c'est à ce moment où la Russie vient d'écraser la Pologne et achève dans une paix sanglante l'œuvre de destruction ébauchée par la guerre, c'est à ce moment où elle vient de forcer le Caucase et de tourner la mer Noire, où la construction de ses chemins de fer va lui permettre d'utiliser contre l'Europe ces populations asiatiques que les distances ne lui permettaient pas jusqu'ici de transporter, c'est à ce moment, où le péril grandit et se rapproche, qu'un homme d'esprit, qui n'a jamais rien compris, il est vrai, aux grandes affaires de son temps, emploie tous les efforts de son éloquence pour effrayer la France de ce qui devrait la rassurer, pour lui présenter l'unité de l'Italie, la concentration du pouvoir en Allemagne comme un danger pour notre sécurité nationale, pour détourner sa vue des dangers réels et la fixer uniquement sur des dangers imaginaires.

« L'Italie unitaire, s'écrie M. Thiers, n'aura rien de plus pressé que de s'unir contre nous à l'Allemagne unifiée ou dualisée. Et pourquoi cela? Et n'est-il pas plus vrai de dire que si, par impossible, l'Allemagne venait à ne former qu'un seul empire réuni sous une même souveraineté, la première ambition, la première pensée de cet empire d'Allemagne serait de reconquérir l'Italie? Il y a là une tradition de mille ans qui se réveillerait plus énergique que jamais, et qui, pendant des siècles, contraindrait l'Italie à s'appuyer sur la France, à moins toutefois, ce qui est plus probable, que le sentiment du danger commun ne forçât l'Allemagne, l'Italie et la France à réunir leurs efforts contre l'ennemi de la liberté de l'Europe, contre cet empire astucieux et redoutable qui écrase la Pologne, décompose la Turquie, pèse sur la Suède, pénètre en Allemagne par les alliances et les mariages, et pousse ses intrigues, sous le voile de la religion, jusqu'au milieu des populations slaves de l'Autriche. »

Ce n'est pas d'aujourd'hui que l'on sent le besoin d'un remaniement de l'Europe.

En 1835, a été publié à Paris, chez Anselin et Laguionie, libraires, rue Dauphine, un ouvrage intitulé :

L'Italie militaire, sous le voile de l'anonyme, mais dont l'auteur est le général G. Pepe, et en tête duquel on lit cette fière préface :

« A tout homme né entre les Alpes et le cap Lilibée!

« Quelle que soit ton opinion sur la forme de gouvernement qui convient le mieux à l'Italie, du système fédératif ou de l'unité nationale, de la république ou de la monarchie constitutionnelle, fût-ce même le despotisme, lis cet ouvrage, car, si tu ne l'approuves pas dans son ensemble, du moins quelques-unes de ses pages se trouveront d'accord avec tes propres sentiments.

« Mais si jamais tu avais conçu la possibilité de transiger avec l'étranger et de subir sa domination, ou seulement de vivre soumis à son influence, détourne les yeux de théories tracées par un Italien dans le cœur duquel, s'il était détaché de sa poitrine, tu pourrais lire ces mots gravés en caractères ineffaçables :

« INDÉPENDANCE ITALIENNE. »

Un avertissement de M. Thibaudeau, ancien conseiller d'Etat du premier Empire et ami de l'auteur, précède le texte et contient ce qui suit :

« On ne peut le méconnaître : l'Europe gravite, par une tendance assez sensible, vers la centralisation et l'unité. Les petits Etats n'ont qu'une indépendance nominale, et leurs princes ne sont que les satellites obligés de quelques grandes puissances. L'Italie, plus que tout autre pays, est préparée à une transformation. S'opérera-t-elle au profit de sa nationalité, ou bien au profit de l'Autriche? C'est ce que l'avenir apprendra. Pour les Italiens, le résultat n'est pas douteux. »

En 1841, dans son *Introduction historique à l'étude de la législation française*, M. Victor Hennequin, après avoir posé les bases d'un congrès permanent, s'exprime ainsi :

« Une fois l'association des puissances européennes réalisée, les questions d'exécution de jugement au-delà d'une frontière, d'hypothèque d'extradition, de contrefaçon même et de douane, se simplifient; les causes de guerre s'évanouissent; on comprend que l'ambition des puissances civilisées est légitime, parce qu'elle aura pour résultat de répandre sur le monde entier les trésors de science et d'industrie confinés aujourd'hui dans l'Europe occidentale. Au lieu de lutter pour paralyser le développement réciproque, pour maintenir, par la contrainte, un équilibre aussi stérile qu'impossible, les nations éclairées s'étendent largement et parallèlement sur le monde barbare ; la Russie passe le Caucase, la France l'Atlas, l'Angleterre s'établit en Chine.

« Dans cette œuvre où chacun ne voudra conquérir la terre que pour l'ensemencer, il serait téméraire d'indiquer les parts. C'est cependant sur ce point que l'attention de tous les esprits sera bientôt portée. Ne semble-t-il pas qu'à la Russie, puissance grande et calomniée, appartienne de droit tout ce qui est slave de race ou grec de religion ; non-seulement la Pologne, qui acceptera plus tard les destinées auxquelles on l'a trop violemment associée, mais la Hongrie, mais toutes les provinces de l'empire autrichien qui ne sont pas allemandes ni italiennes : la Turquie d'Europe avec la Grèce, la Turquie, convoitée depuis si longtemps par les Russes, la Turquie dont ils ont détruit l'armée irrégulière en 1811, les régulières en 1829, la flotte à Navarin ; la Turquie, incapable de se régénérer sans eux, qui leur appartient de fait, qui leur appartiendra de nom quand nous serons guéris de haines sans fondement et de méfiances sans causes.

« A la Russie revient encore toute l'Asie du Nord jusqu'à la limite qui serait fixée avec l'Angleterre. A l'Angleterre appartient d'un droit incontestable et divin la Syrie qu'elle fertilisera, qu'elle couvrira de chemins de fer et qui fera circuler dans l'Occident, par un trajet rapide, toutes les richesses du monde oriental. L'Angleterre prendra, si vous ne vous donnez la grâce de les lui offrir, l'Arabie, la Perse, l'Inde, la Chine où elle a déjà mis le pied, la Polynésie.

« Une troisième puissance a droit au partage : c'est la France.

« Le rêve de Napoléon, l'empire auquel il ne put donner qu'un équilibre instable, se réalisera. La France doit prétendre à réunir sous son gouvernement tout pays qui parle français, la Belgique, la moitié de la Suisse, la Savoie; à s'associer par une étroite confédération l'Italie, l'Espagne et le Portugal.

« Avec cet ensemble de forces, elle effectuera d'une manière décisive et profitable cette occupation de l'Afrique entière qu'elle essaie déjà sur deux points, Alger et le Sénégal. Il semblerait juste que l'Égypte, fécondée plusieurs fois par notre sang, l'Égypte, illustrée par les exploits de saint Louis et de Napoléon, l'Égypte, qui dut à notre dernière occupation le germe de ses manufactures et dont nos savants ont su faire parler les inscriptions; que l'Abyssinie qui veut entrer en commerce avec nous et qui vient d'envoyer des présents au roi des Français, fussent comprises dans notre part. Entre la France et l'Angleterre la mer Rouge servirait de frontière.

« Arrêter ces lignes avec trop de précision serait ajouter à la témérité de les faire entrevoir. De pareilles questions ne se tranchent pas ; on les discute longtemps; mais au moins faut-il les discuter. Les mots d'intégrité de l'empire ottoman, d'hérédité du pacha, ces notes, ces *memorandum*, toute cette procédure diplomatique, non moins étroite que la procédure judiciaire, n'en imposent à personne. Il s'agit pour les peuples civilisés de partager le monde barbare franchement et à l'amiable.

« Il existe une quatrième puissance que nous n'avons pas nommée : l'Allemagne.

« Son indépendance est sacrée, parce qu'elle forme une race à part, parce qu'elle a son caractère et sa langue, parce qu'elle est trop belle et trop puissante pour servir d'annexe à d'autres contrées. L'Allemagne, à laquelle on peut joindre sans trop de violence la Hollande, la partie orientale de la Suisse et le Tyrol, compose une précieuse unité que nul n'entamera. La Prusse, plus habile, plus entendue en affaires que le reste de la Germanie, sera le centre administratif de cet empire.

« Une fois les parts déterminées, les puissances, loin de se contrarier, se prêteraient un mutuel concours, et toutes prendraient un accroissement proportionnel dans leurs directions diverses. »

Il ne faut pas perdre de vue que tout cela a été écrit en 1840 et publié en 1841.

L'empereur Napoléon III, dans le 1er volume de ses œuvres, résume ainsi les étapes historiques de l'humanité :

« Plus le monde se perfectionne, plus les barrières qui divisent les hommes s'élargissent, plus il y a de pays que les mêmes intérêts tendent à réunir.

« Dans l'enfance des sociétés, l'état de nature existait d'homme à homme: puis un intérêt commun réunit un petit nombre d'individus, qui renoncèrent à quelques-uns de leurs droits naturels, afin que la société leur garantît l'entière jouissance de tous les autres.

« Alors se forma la tribu ou la peuplade, association d'hommes où l'état de nature disparut et où la loi remplaça le droit du plus fort.

« Plus la civilisation a fait de progrès, plus cette transformation s'est opérée sur une grande échelle.

« On se battait d'abord de porte à porte, de colline à colline; mais l'esprit de conquête et l'esprit de défense ont formé des villes, des provinces, des États; et un danger commun ayant réuni une grande partie de ces fractions territoriales, les nations se formèrent.

« Alors l'intérêt national embrassant tous les intérêts locaux et provinciaux, on ne se battit plus que de peuple à peuple, et chaque peuple, à son tour, s'est promené triomphant sur le territoire de son voisin, lorsqu'il a eu un grand homme à sa tête et une grande cause derrière lui.

« La commune, la ville, la province, ont donc, l'une après l'autre, agrandi leur sphère sociale et reculé les limites du cercle au-delà duquel existe le droit de nature. »

Ainsi, d'après Napoléon III, la marche progressive de l'humanité a eu trois étapes :

1° Dans l'antiquité, les avantages et les droits personnels de la famille ;

2° Dans le moyen âge, les avantages et les droits de la ville et de la province ;

3° Dans les siècles modernes les avantages et les droits des nations.

L'humanité est-elle arrivée à sa dernière étape, au but que lui a marqué la Providence? Toutes les exigences des nations peuvent-elles être maintenant satisfaites?

L'avenir répondra à ces questions.

Nous voyons, en attendant, que tous les peuples de même race tendent à s'unir et à former un seul Etat, sans tenir compte de toutes les subdivisions existantes. Ainsi la France s'est formée de la Normandie, de l'Aquitaine, de la Bretagne, de la Navarre, etc. ; ainsi l'Angleterre réunit en un seul Etat toute la Pentarchie et s'unit ensuite à l'Écosse ; ainsi l'Aragon et la Castille ont fait l'Espagne ; la Suède s'est assimilé la Norwége; la Pologne a été violemment absorbée par la Russie, etc.

Restaient encore des nations morcelées par la politique du moyen âge, l'Allemagne et l'Italie; mais celles-là aussi ont commencé leur mouvement vers l'unité. On sait où en est l'Italie. Quant à l'Allemagne, elle se composait d'abord de 500 souverainetés appartenant à divers princes féodaux. Peu à peu il n'en resta que 200. Lors des premières guerres de la République française, elles furent réduites à 140. Napoléon Ier les diminua jusqu'à huit. Mais le congrès de Vienne, voulant restaurer l'empire dans sa première situation, institua encore 38 États.

« Occupant le centre de l'Europe avec 38 millions d'habitants, dit l'*Invalide russe* du 10 février 1860, l'Allemagne pouvait, par son unité, prétendre à la plus importante et peut-être même à la première position dans le système politique de l'Europe, et cela serait d'autant plus utile pour l'humanité, que l'intelligente nation allemande, si active et si éclairée, n'est nullement envahie par l'ambition des conquêtes et des influences prépondérantes. Elle sent elle-même l'avantage et la nécessité absolue de sa fusion en un seul tout, en une seule nation ; mais les intérêts dynastiques de longtemps encore s'opposeront à cette tendance.

« La période historique actuelle se distingue par les aspirations qui portent les peuples d'une même race à se fusionner en un seul corps; aussi le mouvement de l'Allemagne vers l'unité a-t-il recommencé. Ce mouvement n'est ni bruyant, ni violent, ni passionné; il se distingue au contraire par le calme, le raisonnement et la persévérance, qualités d'autant plus appréciables qu'elles sont un sûr garant que peu à peu ces aspirations triompheront sous quelque forme que ce soit. Déjà au XVIe siècle, Luther et Mélanchton rêvaient, au milieu de leur réforme religieuse, la fusion de la nation allemande en un seul corps. De nos jours l'union douanière prussienne est également un acheminement vers cette unité.

« En Italie, le mouvement est arrivé aujourd'hui à une crise définitive. L'année 1860 résoudra peut-être en grande partie cette importante question; mais assurément elle ne la résoudra pas entièrement. De pareils révolutions s'accomplissent pendant des siècles, qui sont dans la vie des nations ce que sont les années dans la vie de l'homme.

« L'analogie entre l'Allemagne et l'Italie est évidente ; mais si le but est le même, les moyens d'y parvenir seront nécessairement différents, parce que l'esprit des deux peuples est tout autre. Les espérances générales dans la Péninsule sont fondées sur la Sardaigne, que protége la France. En Allemagne, tous les esprits, tous les cœurs sont dirigés vers la Prusse, forte et indépendante, personnification de l'esprit et du progrès allemands. »

En reproduisant l'article dont nous venons de citer une partie, le journal *le Nord* du 12 février 1860 ajoutait :

« Sous ce titre l'ALLEMAGNE ET L'ITALIE, l'*Invalide* publie le remarquable article suivant, dont nous partageons entièrement les conclusions et que nous recommandons tout particulièrement à nos lecteurs allemands; ils y verront combien l'opinion publique en Russie sympathise avec leurs tendances nationales. »

Dans sa brochure : *De l'Allemagne avant le Congrès*, publiée sous le voile de l'anonyme dans cette même année 1860, le prince Troubetzkoï disait :

« Il est certain qu'un travail de rénovation sociale occupe l'Europe en ce moment.

« Le monde marche, comme disait naguère un publiciste de l'école philosophique, M. Pelletan.

« Les mouvements actuels des esprits, leurs manifestations dans un sens ou dans un autre, que ce soit en Italie ou en Allemagne, ne sont, selon nous, que des symptômes de grands efforts nationaux pour résoudre des problèmes que les siècles passés ont légués comme un lourd héritage au monde, et dont la Providence seule a le secret.

« Au nombre de ces manifestations est le mouvement unioniste de l'Allemagne, avec son programme d'Eisenach.

« L'Allemagne, ainsi que l'Italie, a vu s'appesantir sur elle la main pesante des avidités souveraines qui, en 1815, parquèrent les populations comme des troupeaux.

« Nous croyons, avec Louis-Napoléon, que c'est une grande faute des hommes d'État de 1815 d'avoir, dans l'intérêt des souverains, déplacé les peuples momentanément fusionnés sous le sceptre du premier empire.

« Depuis, les Allemands ont fini par sentir et juger que la pluralité des gouvernements amène la pluralité des budgets ; partant, les charges individuelles augmentées en raison directe du nombre de ces gouvernements.

« Qu'on nous permette, à ce sujet, une comparaison que sa vulgarité même excuse.

« Un fermier ne donne pas plus à un berger pour garder un troupeau de cent moutons que pour en garder un de cinquante.

« Or, les trente ministres des finances, de l'intérieur, de la guerre et de l'instruction publique dont jouissent les États allemands, prouvent à l'évidence, aux personnes les moins versées dans la question politique, que les divers fonctionnaires, les diverses listes civiles, les divers budgets de ces gouvernements, réduits à un seul, — pour ne voir que la question financière, — soulageraient d'autant la quote-part des contribuables.

« Car, pour tout le monde, l'avantage d'un gouvernement fort est incontestable.

« De même qu'un petit propriétaire, dans la gestion de son bien, a plus de frais qu'un grand, *les peuples d'une même race ont plus d'avantage à n'entretenir et à ne payer qu'un seul gouvernement.*

« Aujourd'hui, la politique du gousset étant la seule dominante, tout se résume pour les contribuables à être gouvernés au meilleur marché.

« Nous entendons par meilleur marché l'impôt indirect, moins sensible et plus productif dans les grands États que l'impôt direct, cet agent principal des gouvernements faibles.

« En résumé :

« Il est manifeste qu'une ère définitive de démarcation continentale est prète à s'ouvrir.

« Nous ne voyons pas de raison pour retarder l'unification de l'Allemagne comme de l'Italie, si légitimement et si persévéramment poursuivie depuis tant de siècles.

« La conscience publique, dans les deux pays, nous l'indique par ses tressaillements récents.

« Donc, à la question que nous nous sommes faite d'abord :

« Qu'est-ce que le mouvement unioniste de l'Allemagne?

« Nous avons, ce nous semble, suffisamment répondu.

« Nous dirons plus : ce mouvement en dernier résultat, ne mènera ni plus ni moins qu'à la médiatisation complète de l'Allemagne ;

« Médiatisation qui est un des intérêts généraux sur lesquels doit se fonder l'équilibre social :

« *L'intérêt géographique satisfait, subordonné à la loi d'attraction nationale.*

« *Car plus que noblesse géographie oblige.*

« La cession de la Lombardie au Piémont, en réduisant les tronçons épars du réseau italique, c'est déjà un progrès.

« Le programme d'Eisenach faisant entendre la voix puissante du concert des peuples germaniques vers l'unification, c'est encore un progrès.

« L'unification des constitutions mène à la médiatisation.

« Les espérances de l'Allemagne entière reposent, à n'en pas douter, sur la Prusse.

« Cette puissance s'est incorporé à elle seule le génie, les besoins, les aspirations de tous les États circonvoisins, en inscrivant franchement sur son drapeau le mot *progrès*.

« Elle nous paraît indubitablement appelée à devenir le Piémont de cette autre Italie et à porter haut et loin l'étendard germanique, jusqu'aux limites où cesse la langue allemande.

« Il ne nous est pas permis d'assigner une date plus ou moins rapprochée pour déterminer le jour et l'heure où l'Allemagne, ainsi que l'Italie, atteindront le but marqué par la Providence.

« Mais ayant constaté l'infaillibilité de notre loi d'attraction, nous répondons hardiment que cet avenir est certain. Les peuples, comme les individus, ont des idées fixes dont aucune puissance au monde ne peut les distraire.

« Les expédients politiques peuvent tout au plus les en détourner temporairement. »

Nous terminerons ce chapitre par le discours prononcé, le 5 mai, par l'Empereur, en réponse aux félicitations du maire d'Auxerre, lors du concours régional où S. M. avait été invitée.

« Je vois avec bonheur que les souvenirs du pre-
« mier Empire ne sont pas effacés de votre mé-

« moire. Croyez que de mon côté j'ai hérité des sen-
« timents du chef de ma famille pour ces populations
« énergiques et patriotes qui ont soutenu l'Empe-
« reur dans la bonne comme dans la mauvaise for-
« tune. J'ai, d'ailleurs, envers le département de
« l'Yonne une dette de reconnaissance à acquitter. Il
« a été un des premiers à me donner ses suffrages en
« 1848 : c'est qu'il savait, comme la grande majorité
« du peuple français, que ses intérêts étaient les
« miens et que je détestais comme lui ces traités de
« 1815 dont on veut faire aujourd'hui l'unique base
« de notre politique extérieure.

« Je vous remercie de vos sentiments. Au milieu
« de vous je respire à l'aise, car c'est parmi les popu-
« lations laborieuses des villes et des campagnes que
« je retrouve le vrai génie de la France. »

Au sujet de ces quelques paroles les opinions peuvent différer; mais on s'accordera pour reconnaître qu'elles ont produit une vive impression et qu'elles ont fait courir dans les veines de la France le frisson des émotions patriotiques.

III

Les traités de 1815. — L'acte du Congrès de Vienne du 9 juin. — Russie. — Autriche. — Prusse. — Pays-Bas. — Confédération germanique. — Sardaigne. — France. — Protocole du 3 novembre. — Traité de Paris du 20 novembre. — Paroles de l'Empereur à l'ouverture de la session de 1863. — Qu reste-t-il des traités de 1815?

Pour mieux faire comprendre les considérations qui précèdent et la portée des paroles de l'Empereur, il importe de rappeler la teneur des traités de 1815, sur lesquels s'appuie encore aujourd'hui l'équilibre chancelant de l'Europe.

L'acte du congrès de Vienne, du 9 juin 1815, est signé par les représentants de l'Autriche, de l'Espagne, de la France (le prince de Talleyrand), de l'Angleterre, du Portugal, de la Prusse et de la Russie.

L'article 1er stipule que le duché de Varsovie est lié par sa constitution à l'empire de Russie. L'article 2 accorde à la Prusse le grand-duché de Posen, qui avait fait partie du duché de Varsovie. Les articles 3, 4 et 5 concernent la possession de la Gallicie par l'Autriche. Les articles 6 à 14 sont relatifs à la ville de Cracovie et à la navigation des fleuves et rivières de Pologne.

Par l'article 15, la Saxe cède à la Prusse divers territoires; les articles 16 à 22 concernent cette cession.

Il s'agit, dans les articles 23 et suivants, de pays réunis à la Prusse; on y voit figurer Dantzick, jadis ville libre; la principauté de Neuchâtel et les provinces sur la rive gauche du Rhin; la frontière tracée est, à bien peu de chose près, celle qui subsiste encore aujourd'hui.

Les articles 26 à 32 reconstituent le royaume de Hanovre. En vertu des articles 35 et suivants, sont rétablis les grands-duchés d'Oldenbourg, de Mecklembourg, de Saxe-Weimar; la ville de Francfort est déclarée libre; le grand-duché de Wurtzbourg est réuni à la Bavière.

L'article 53 déclare l'établissement de la Confédération germanique; les articles 54 à 64 concernent les dispositions touchant la Diète.

Le royaume des Pays-Bas, formé des anciennes Provinces-Unies (c'est-à-dire de la Hollande) et des ci-devant provinces belges, est établi par l'article 65. Ses frontières sont fixées dans les articles suivants. Le grand-duché de Luxembourg est réuni à ce royaume, qui entre, pour cette portion de son territoire, dans la Confédération germanique.

L'article 74 stipule l'intégrité des divers cantons de la Suisse. Les articles suivants sont relatifs à des objets de détails touchant ce pays.

L'article 85 fixe les limites des États du roi de Sardaigne et de la France, tels qu'ils existaient le 1er janvier 1792; la ville de Gènes et son territoire sont réunis à la Sardaigne, article 86. En vertu de l'article 93, la Vénétie et la Lombardie sont réunies à l'Autriche. Les articles suivants concernent les États de Modène, de Plaisance, la Toscane, le Saint-Siége, auquel on restitue les légations de Bologne, de Ravenne et de Ferrare. L'article 104 rétablit le roi Ferdinand IV sur le trône de Naples.

Les autres articles, jusque et y compris l'article 121 et dernier, sont de peu d'intérêt.

On voit que plusieurs dispositions fort importantes du traité de Vienne ont cessé d'exister : la Belgique, séparée de la Hollande, forme un État indépendant; l'Autriche a perdu la Lombardie; les autres États italiens (sauf Rome et un faible rayon à l'entour) ne forment plus qu'un seul État; mais à l'exception de Cracovie qui a perdu sa franchise et du Hanovre qui s'est séparé de l'Angleterre, toutes les stipulations du 9 juin 1815 forment encore, à l'heure où nous écrivons, la base de l'organisation territoriale de l'Allemagne.

Après la seconde restauration de Louis XVIII, eut lieu le protocole du 3 novembre 1815, qui détacha de la France, pour les céder au royaume des Pays-Bas, les places de Philippeville, de Marienbourg et quelques autres.

Le traité de Paris, du 20 novembre 1815, entre la France d'un côté, l'Angleterre, l'Autriche, la Prusse et la Russie de l'autre, fixe, sauf quelques modifications, la frontière de la France sur la base de 1790.

Nous croyons utile de reproduire textuellement ce document qui nous concerne d'une façon toute spéciale :

Au nom de la Très-Sainte et indivisible Trinité,

« Les puissances alliées ayant, par leurs efforts réunis et par le succès de leurs armes, préservé la France et l'Europe des bouleversements dont elles étaient menacées par le dernier attentat de Napoléon Bonaparte, et par le système révolutionnaire reproduit en France pour faire réussir cet attentat ;

« Partageant aujourd'hui avec Sa Majesté Très-Chrétienne le désir de consolider, par le maintien inviolable de l'autorité royale, etc., etc. »

A tout esprit impartial ce préambule démontre suffisamment que le traité a été fait en haine des principes de 1789 et de la prépondérance française.

Arrivons aux articles :

« Article premier. Les frontières de la France seront telles qu'elles étaient en 1790, sauf les modifications de part et d'autre qui se trouvent indiquées dans l'article présent.

« 1° Sur les frontières du nord, la ligne de démarcation restera telle que le traité de Paris (traité de 1814 conclu à la suite de la première invasion) l'avait fixée, jusque vis à vis de Quiévrain ; de là elle suivra les anciennes limites des provinces belgiques, du ci-devant évêché de Liége et du duché de Bouillon, telles qu'elles étaient en 1790, en laissant les territoires enclavés de Philippeville et de Marienbourg, avec les places de ce nom, ainsi que tout le duché de Bouillon, hors des frontières de la France ; depuis Villers près d'Orval (sur les confins du département des Ardennes et du grand-duché de Luxembourg) jusqu'à Perle, sur la chaussée qui conduit de Thionville à Trèves, la ligne restera telle qu'elle avait été désignée par le traité de Paris. De Perle elle passera par Launsdorf, Wallwich, Schardof, Niederveiling, Pellweiler, tous ces endroits restant avec leurs banlieues à la France, jusqu'à Houvre, et suivra de là les anciennes limites du pays de Sarrebruck, en laissant Sarrelouis et le cours de la Sarre avec les endroits situés hors de la ligne ci-dessus désignés et leurs banlieues, hors des limites françaises.

« Des limites du pays de Sarrebruck, la ligne de démarcation sera la même que celle qui sépare actuellement de l'Allemagne les départements de la Moselle et du Bas-Rhin jusqu'à la Lauter, qui servira ensuite de frontière jusqu'à son embouchure dans le Rhin. Tout le territoire sur la rive gauche de la Lauter, y compris la place de Landau, fera partie de l'Allemagne. Cependant la ville de Weissembourg, traversée par cette rivière, restera tout entière à la France, avec un rayon sur la rive gauche n'excédant pas 1,000 toises, et qui sera plus particulièrement déterminé par les commissaires que l'on chargera de la délimitation prochaine.

« 2° A partir de l'embouchure de la Lauter, le long des départements du Bas-Rhin, du Haut-Rhin, du Doubs, du Jura, jusqu'au canton de Vaud, les frontières resteront comme elles ont été fixées par le traité de Paris. Le thalweg du Rhin formera la démarcation entre la France et les Etats de l'Allemagne, mais la propriété des îles, telle qu'elle sera fixée à la suite d'une nouvelle reconnaissance du cours de ce fleuve, restera immuable, quelques changements que subisse ce cours par la suite du temps. Des commissaires seront nommés de part et d'autre par les hautes parties contractantes, dans le délai de trois mois, pour procéder à ladite reconnaissance. La moitié du pont entre Strasbourg et Kehl appartiendra à la France, et l'autre moitié au grand-duché de Bade.

« 3° Pour établir une communication directe entre le canton de Genève et la Suisse, la partie du pays de Gex bornée à l'est par le lac Leman, au midi par le territoire du canton de Genève, au nord par celui du canton de Vaud, à l'ouest par le cours de la Versoix et par une ligne qui renferme les communes de Collex-Bossy et Meyrin, en laissant la commune de Ferney à la France, sera cédée à la Confédération helvétique, pour être réunie au canton de Genève. La ligne de douane française sera placée à l'ouest du Jura, de manière que tous les pays de Gex se trouvent hors de cette ligne.

« 4° Des frontières du canton de Genève jusqu'à la Méditerranée, la ligne de démarcation sera celle qui, en 1790, séparait la France de la Savoie et du comté de Nice. Les rapports que le traité de Paris de 1814 avait rétablis entre la France et la principauté de Monaco, cesseront à perpétuité, et les mêmes rapports existeront entre cette principauté et Sa Majesté le roi de Sardaigne.

« 5° Tous les territoires et districts enclavés dans les limites du territoire français, telles qu'elles ont été déterminées par le présent article, resteront réunis à la France.

« 6° Les hautes parties contractantes nommeront, dans le délai de trois mois après la signature du présent traité, des commissaires pour régler tout ce qui a rapport à la délimitation des pays de part et d'autre ; et aussitôt que le travail de ces commissaires sera terminé, il sera dressé des cartes et placé des poteaux qui constateront les limites respectives.

« Art. 2. Les places et les districts qui, selon l'article précédent, ne doivent plus faire partie du territoire français, seront remis à la disposition des puissances alliées, dans les termes fixés par l'article 9 de la convention militaire annexée au présent traité, et S. M. le roi de France renonce à perpétuité, pour elle, ses héritiers et successeurs, au droit de souveraineté et de propriété qu'elle a exercés jusqu'ici sur lesdits places et districts.

« Art. 3. Les fortifications d'Huningue ayant été constamment un objet d'inquiétude pour la ville de Bâle, les hautes parties contractantes, pour donner à la Confédération helvétique une nouvelle preuve de leur bienveillance et de leur sollicitude, sont convenues entre elles de faire démolir les fortifications d'Huningue; et le gouvernement français s'engage, par le même motif, à ne les rétablir dans aucun temps, et à ne point les remplacer par d'autres fortifications à une distance moindre que trois lieues de la ville de Bâle.

« La neutralité de la Suisse sera étendue au territoire qui se trouve au nord d'une ligne à tirer par Faverge jusqu'à Lecheraine, et de là au lac du Bourget jusqu'au Rhône, de la même manière qu'elle a été étendue aux provinces du Chablais et du Faucigny par l'art. 92 de l'acte final du congrès de Vienne.

« Art. 4. La partie pécuniaire de l'indemnité à fournir par la France aux puissances alliées est fixée à la somme de 700 millions de francs. Le mode, les termes et les garanties du paiement de cette somme seront réglés par une convention.

« Art. 5. L'état d'inquiétude et de fermentation dont, après tant de secousses violentes, et surtout après la dernière catastrophe, la France, malgré les intentions paternelles de son roi et les avantages assurés par la Charte constitutionnelle à toutes les classes de ses sujets, doit nécessairement se ressentir encore, exigeant, pour la sûreté des Etats voisins, des mesures de précaution et de garantie temporaires, il a été jugé indispensable de faire occuper pendant un certain temps, par un corps de troupes alliées, des positions militaires le long des frontières de la France.

« Le nombre de ces troupes ne dépassera pas 150,000 hommes. Le commandant en chef de cette armée sera nommé par les puissances alliées.

« Ce corps d'armée occupera les places de Condé, Valenciennes, Bouchain, Cambrai, le Quesnoy, Maubeuge, Landrecies, Avesnes, Rocroy, Givet avec Charlemont, Mézières, Sédan, Montmédy, Thionville, Longwy, Bitche, et la tête du pont de Fort-Louis.

« L'entretien de l'armée destinée à ce service devant être fourni par la France, une convention spéciale réglera tout ce qui peut avoir rapport à cet objet. »

Nous avons précédemment rapporté les paroles de Napoléon III à Auxerre, relativement aux traités de 1815 ; il convient d'en rapprocher la déclaration faite par l'Empereur, le 5 novembre 1863, à l'ouverture de la session qui inaugurait en même temps les travaux du Corps législatif actuel :

« Les traités de 1815 ont cessé d'exister. La force « des choses les a renversés, ou tend à les renverser « presque partout. Ils ont été brisés en Grèce, en « Belgique, en France, en Italie, comme sur le Da« nube. L'Allemagne s'agite pour les changer, l'An« gleterre les a généreusement modifiés par la cession « des îles Ioniennes, et la Russie les foule aux pieds « à Varsovie. »

Cette déclaration résume en termes concis et lapidaires l'histoire de ces fameux traités, qui devaient, comme bien d'autres actes antérieurs, régler à perpétuité l'état du monde, et qui n'ont pas même subsisté quinze ans dans leur intégrité. L'insurrection qui a abouti à la fondation du royaume de Grèce leur a porté le premier coup; l'institution du royaume de Belgique en a attaqué le nœud le plus intime; les deux révolutions de 1830 et de 1848, le retour de la dynastie qu'ils avaient proscrite, l'annexion de la Savoie et du département des Alpes-Maritimes, ont été de la part de la France des protestations et des revanches. En renonçant au protectorat des îles Ioniennes, l'Angleterre a donné un noble exemple. Les traités de 1815 ont été foulés aux pieds dans celles de leurs dispositions qui conservaient quelque vestige de la nationalité polonaise.

De ces immortels traités, que reste-t-il donc?

La désastreuse organisation imposée à l'Allemagne;

Et quelques paperasses jaunies que le vent de la guerre va emporter.

IV

Intervention diplomatique de la France, de l'Angleterre et de la Russie dans le différend austro-prussien.— Projets de conférence. — Ils n'interrompent pas les préparatifs de guerre. — Proclamation du feld-maréchal Benedek.— Emprunt forcé en Vénétie. — Enthousiasme en Italie. — Les volontaires garibaldiens.— L'hymne de guerre de Brofferio.— La France en est-elle? — Conditions inacceptables posées par l'Autriche. — Réformes fédérales proposées par la Prusse. — Y a-t-il une alliance austro-russe? — La parole est aux événements. — Entrée des troupes prussiennes dans le Holstein. — Séance de la Diète de Francfort. — Situation au 10 juin.

En terminant notre premier chapitre, nous avons dit que l'Autriche et la Prusse s'invitaient mutuellement à désarmer, sans qu'aucune des deux consentît à entrer la première dans cette voie et à donner ainsi l'exemple à l'autre. Voici, à ce sujet, la réponse faite par l'Autriche, le 4 mai, à une dépêche prussienne du 30 avril.

« En présence de la déclaration du cabinet de Berlin, l'Autriche doit considérer comme épuisées les négociations sur la question des armements.

« Il est bien établi par ses assurances solennelles, données au sein de la Diète, que la Prusse n'a à redouter de l'Autriche aucune attaque, et l'Allemagne aucune rupture de la paix fédérale.

« L'Autriche songe encore moins à attaquer l'Italie. Mais il est du devoir du gouvernement autrichien de veiller à la défense de la monarchie, et ce devoir, qui ne souffre pas de contrôle étranger, suffit sans discussions ultérieures sur la priorité et sur l'étendue de quelques déplacements de troupes.

« L'Autriche a de plus à garantir le territoire de la Confédération allemande contre toute attaque italienne, et elle doit, dans l'intérêt de l'Allemagne, se poser sérieusement la question comment la Prusse peut concilier avec ses devoirs de puissance allemande son désir que l'Autriche reste sans se préoccuper des frontières allemandes. »

Cette dépêche ajoutait que la Saxe avait eu raison de ne pas désarmer, et que l'Autriche approuvait sa conduite.

La Prusse ayant ensuite exprimé le vœu qu'un parlement allemand fût convoqué, dans le but de réviser le pacte fédéral, le cabinet de Vienne déclara qu'il n'admettait pas la convocation d'un parlement allemand avant que la Prusse eût indiqué les propositions de réforme qui devaient être soumises à cette assemblée. Une circulaire du gouvernement prussien nous fera tout à l'heure connaître ces projets de réforme.

Les hostilités devenant imminentes, la diplomatie européenne s'émut des graves complications qui pouvaient résulter d'une guerre éclatant à la fois en Allemagne et en Italie. Elle fit de très-sérieux efforts pour arriver à la convocation d'un congrès, où devaient être réglées les questions qui menaçaient de troubler le repos de l'Europe. La France, l'Angleterre et la Russie entreprirent cette œuvre d'apaisement et proposèrent d'y arriver en conseillant à la Prusse, à l'Autriche et à l'Italie de mettre un terme à leurs différends par une transaction basée sur des concessions réciproques. Après avoir fait à Berlin et à Vienne des démarches officieuses pour le maintien de la paix, la Russie, l'Angleterre et la France, représentées par le baron de Budberg, lord Cowley et M. Drouyn de Lhuys, songèrent à combiner leur action diplomatique. Réunis à Paris, dans une conférence préparatoire, les ministres, que nous venons de nommer, arrêtèrent les bases d'un programme pour le congrès projeté. Ce programme comprenait les trois questions pendantes : la question des duchés de l'Elbe, la question de la Vénétie et la révision du pacte fédéral allemand.

M. Drouyn de Lhuys fut chargé de la rédaction d'une dépêche dans ce sens, adressée aux trois puissances dont les armées avaient été mises sur le pied de guerre; après l'adoption de cette rédaction, la dépêche circulaire fut expédiée aux cours de Berlin, de Vienne et de Florence.

Le cabinet de Paris, tenant à satisfaire l'Italie et à lui faire obtenir la Vénétie, se serait dans ce but adressé à Vienne, de concert avec la Russie et l'Angleterre. Il aurait formellement demandé à l'Autriche de céder la Vénétie moyennant compensation. L'Autriche aurait adhéré en principe à cette demande, sous plusieurs conditions dont la première aurait été qu'il ne serait pas question d'une compensation pécuniaire, mais territoriale. Les autres conditions auraient été le démantèlement des forteresses du quadrilatère, la neutralisation de Venise, qui n'eût jamais pu devenir un port militaire, et la garantie par l'Europe du pouvoir temporel de la Papauté.

La réponse de l'Autriche aurait été jugée satisfaisante, et les conditions mises par elle à la cession de la Vénétie auraient été acceptées en principe. Il restait à trouver la compensation territoriale demandée par elle. Proposition lui aurait été faite alors de lui céder la Silésie, et l'Autriche aurait adhéré à cette offre. La difficulté était que la Prusse consentît à se dessaisir de cette belle province, qui lui était chère entre toutes, comme étant la glorieuse conquête du grand Frédéric. Mais les duchés devaient lui être donnés en échange, et la Prusse attache un si grand prix à la possession des duchés, qui lui permettraient de devenir une puissance maritime, qu'elle n'aurait pas répondu par un refus formel.

Le roi Guillaume aurait trouvé que la transaction

était acceptable sous certaines réserves. Il aurait seulement objecté que la Silésie, ayant une population plus forte de près de cinq cent mille âmes que la Vénétie, l'Autriche eût trop gagné au change. Il aurait donc proposé de ne céder qu'une partie de cette province. Cette réserve aurait eu surtout pour but de conserver à la Prusse la forteresse de Breslau, dont le roi ne voulait pas se dessaisir; mais l'Autriche aurait répondu que la Silésie ne pouvait être cédée partiellement, une frontière sérieuse et défendable étant impossible à tracer dans les conditions proposées par la Prusse. La Silésie sans Breslau serait, aurait-elle dit, une dangereuse acquisition, qui l'affaiblirait au lieu de la fortifier.

La Russie aurait proposé à la France et à l'Angleterre d'appuyer leurs efforts diplomatiques par une attitude armée, et la France n'aurait pas cru devoir accepter cette proposition.

Les difficultés que soulevait la question de la Vénétie et la considération que, déterminer à l'avance la compensation à offrir à l'Autriche, c'était préjuger l'œuvre de la conférence, engagèrent à écarter du programme les mots *cession de la Vénétie*, et à réserver la liberté d'action de l'Autriche comme celle des autres puissances par une rédaction qui n'engageait aucune des parties. Voici le texte de la dépêche que le ministre des affaires étrangères de France envoya aux agents de l'Empereur près des gouvernements intéressés pour leur être communiquée en même temps que celles de l'Angleterre et de la Russie :

« Paris, le 24 mai 1866.

« Monsieur, le différend qui a éclaté entre l'Autriche et la Prusse, à propos de l'affaire des Duchés, prend de jour en jour une extension plus menaçante et devient un grave sujet d'anxiété pour l'Europe. L'opinion publique s'alarme de l'éventualité d'une guerre dans laquelle tant d'intérêts seraient engagés. Les trois grandes puissances neutres ne pourraient elles-mêmes envisager sans inquiétude la possibilité d'une lutte armée qui mettrait aux prises des Etats envers lesquels elles professent une égale amitié. Les considérations les plus élevées les sollicitaient de rechercher les moyens de conjurer ce péril. La France, la Grande-Bretagne et la Russie se sont consultées à ce sujet, dans une même pensée de paix et de conciliation, et, après avoir échangé leurs idées, elles sont tombées d'accord pour inviter à des délibérations communes les gouvernements qui sont ou pourront être impliqués dans le débat, savoir : l'Autriche, la Prusse, l'Italie et la Confédération germanique.

« L'objet de ces délibérations s'impose de lui-même à tous les esprits. Il s'agit dans l'intérêt de la paix de résoudre par la voie diplomatique la question des duchés de l'Elbe, celle du différend italien, enfin celle des réformes à apporter au pacte fédéral, en tant qu'elles pourraient intéresser l'équilibre européen.

« Si les gouvernements auxquels nous adressons cet appel consentaient à s'y rendre, ainsi que nous en avons l'espoir, leurs plénipotentiaires pourraient se joindre à Paris à ceux de la France, de la Grande-Bretagne et de la Russie. Quant à la date de la réunion, il serait désirable qu'elle fût aussi rapprochée que possible. On ne saurait trop tôt dissiper les craintes causées par la crise actuelle et donner à l'Europe inquiète un gage de sécurité. Les négociations offriront d'autant plus de chances de succès qu'elles ne seront pas troublées par le bruit des armes et par les susceptibilités du point d'honneur militaire.

« Nous avons la confiance qu'en adhérant à la proposition des trois cours, les puissances qui s'occupent maintenant de préparatifs de guerre se montreraient disposées à les suspendre lors même qu'elles hésiteraient à rétablir leurs forces sur le pied de paix.

« Vous êtes invité à vous entendre avec vos collègues les représentants de l'Angleterre et de la Russie, qui recevront de leurs cours des instructions semblables, pour faire une communication simultanée dans les termes de la présente dépêche au gouvernement auprès duquel vous êtes accrédité. Le gouvernement de l'Empereur attend avec une sincère sollicitude la résolution à laquelle s'arrêtera le cabinet de.....

« DROUYN DE LHUYS. »

Dans ces conditions, le cabinet de Vienne fit annoncer son acceptation pure et simple de la conférence. La Prusse et l'Italie avaient déjà donné leur adhésion.

Tout semblait donc marcher dans une voie pacifique; mais, contrairement à ces apparences, les armements ne discontinuaient ni en Russie, ni en Autriche, ni en Italie, ni dans les Etats secondaires de l'Allemagne. A la date du 12 mai, le feld-maréchal Bénédek adressait à ses troupes la proclamation suivante :

« Quartier général de Vienne, 12 mai.

« Sa Majesté, notre très-gracieux empereur et maître, a daigné ordonner que je prenne le commandement de l'armée du Nord, qui doit être formée. Mon quartier général, à partir du 15 de ce mois, sera établi provisoirement à Vienne. Ce jour-là, MM. les généraux, les troupes, les branches d'administration et les établissements militaires faisant partie de cette armée, seront placés sous mon commandement.

« Ayant fait mes preuves comme soldat fidèle et dévoué, je sais obéir avec joie à tout ordre impérial. Mais ce sentiment des devoirs se trouve encore animé cette fois par la conviction que chacun, en particulier, des membres de l'armée qui se réunit sous mes ordres apportera le plus grand dévouement pour repousser et combattre tout ennemi qui osera menacer inconsidérément et injustement notre auguste empereur et maître, son illustre dynastie et sa monarchie, notre chère patrie.

« L'armée sera réunie sous peu, complétement organisée et équipée, belle, forte, vaillante, animée du meilleur esprit, l'esprit de l'ordre, de la discipline, de l'honneur et de la fidélité, de la bravoure et du dévouement absolu. L'œil de l'empereur et son noble cœur suivront l'armée partout. La résolution du sacrifice et l'enthousiasme de tous les peuples de l'Autriche nous conduiront.

« Les sympathies, l'attente et les espérances de nos compatriotes et de tous ceux qui nous sont chers seront avec nous. A l'approche de la lutte décisive pour le droit sacré de l'empereur et de la patrie, l'armée autrichienne est pleine d'enthousiasme; montrant la ténacité de la vieille Autriche, elle saura toujours vaincre ou mourir avec fidélité et honneur pour l'empereur et la patrie.

« Soldats! je vous apporte pour cela tout mon cœur ardent de soldat, ma volonté de fer, ma suprême confiance en vous, ma très-humble espérance dans le Dieu bon et la confiance que j'ai dans ma vieille fortune de soldat.

« Avec Dieu, je vous salue, soldats, vous que la volonté et l'ordre de l'empereur ont confiés à mon commandement et à ma sollicitude; je vous salue dans la ferme conviction que la bénédiction de Dieu ne fera pas défaut à notre juste cause, à notre fidélité, à notre bravoure, à notre constante persévérance. »

Partout les gouvernements demandaient de larges crédits pour la guerre, partout on se préparait à faire des emprunts volontaires ou forcés. L'Autriche avait pressuré la Vénétie et fait descendre ses populations à un tel degré de misère et de détresse qu'à Venise, sur 100,000 habitants 50,000 étaient inscrits sur les registres des bureaux de bienfaisance, et que le nombre des pauvres honteux était d'environ 25,000. Cependant, par un décret du 25 mai, l'empereur François-Joseph exigea de ces malheureuses contrées un subside sous la forme d'un emprunt forcé de 12 millions de florins, soit 25,680,000 fr. En même temps, l'empereur dépouillait les musées de Venise de leurs chefs-d'œuvre, qu'il envoyait à Vienne.

En Italie se produisaient une surexcitation et un mouvement irrésistibles. Le gouvernement rappelait ses contingents disséminés dans le monde entier (on sait que l'Italie est un pays d'émigration); il en faisait revenir même d'Amérique; il prenait en main les pouvoirs de la dictature; il donnait aux billets le cours forcé ; il organisait l'armée des volontaires par un décret dont voici les principaux articles :

« Art. 1er. Est approuvée la formation de corps de volontaires italiens pour coopérer avec l'armée régulière.

« Le général Garibaldi est nommé commandant desdits volontaires.

« Art. 2. Les volontaires auront le drapeau national et prêteront serment de fidélité au roi et aux lois de l'État.

« Art. 3. Pour être admis dans le corps des volontaires, il est nécessaire de n'avoir aucun engagement relativement à la levée militaire.

« Ceux qui appartiennent à la classe de 1845 ou aux classes antérieures ne pourront être acceptés à moins qu'ils ne présentent ou leur congé absolu du service, ou le certificat d'avoir satisfait à l'obligation de la levée.

« Ceux qui, successivement à leur admission dans les corps de volontaires, seraient atteints par la levée, devront satisfaire à leur obligation dans l'armée régulière, et la circonstance de faire partie des corps de volontaires ne les exonérera pas du devoir de se présenter à l'autorité de la levée, sous peine d'être déclarés réfractaires au cas où ils ne se présenteraient pas.

« Art. 4. Les individus qui, à quelque titre que cet soit, appartiennent à l'armée régulière, ne pourront faire partie des corps de volontaires, à moins qu'ils n'obtiennent une autorisation ministérielle expresse.

« Les infractions à cette disposition seront considérées comme désertion et punies des peines établies pour la désertion dans le Code pénal militaire.

« Art. 5. Les officiers des corps de volontaires seront pourvus d'une commission ministérielle.

« Leur ancienneté et leur mode d'avancement seront réglés par des instructions spéciales.

« Art. 6. Les hommes de basse force devront se soumettre à un engagement d'une année.

« Art. 7. Les officiers, aussi bien que la basse force des corps de volontaires, sont assimilés à ceux de l'armée régulière en ce qui concerne le traitement, les honneurs et les avantages, et sont également soumis au Code pénal militaire et à toutes les lois et règlements qui concernent la subordination et la discipline.

« Art. 8. Ceux qui, par suite de blessures reçues

à la guerre, deviendront impropres au service, auront droit à l'application des lois pour les pensions militaires.

« Art. 9. Le nombre des bataillons à organiser est fixé pour le moment à vingt. Leur formation aura lieu conformément aux dispositions de l'article 12, et les cadres seront successivement formés suivant la force effective existante, en prenant pour base l'organisation de l'armée régulière.

« Le traitement, soit en argent, soit en nature, datera du jour où ils commenceront effectivement à faire partie du corps.

« Art. 10. Les volontaires dépendront du ministère de la guerre et seront sous les ordres du commandement supérieur de l'armée.

« Art. 11. Une commission spéciale, qui sera nommée par notre ministre de la guerre, rédigera les instructions spéciales concernant :

« (*a*) Les règles d'admission, ancienneté et avancement des officiers.

« (*b*) Les conditions d'âge et les qualités nécessaires pour être admis à l'enrôlement de basse force.

« (*c*) L'équipement, l'armement et l'uniforme.

(*d*) Les règlements administratifs.

La même commission proposera aussi les localités où devront être formés les bataillons.

« Art. 12. Les listes des officiers seront établies, et les enrôlements seront ouverts conformément aux propositions dont il est question à l'article précédent.

« Le jour de l'appel des bataillons sera déterminé par arrêté ministériel.

« Art. 13. Les corps de volontaires pourront être dissous toutes les fois que le gouvernement le croira convenable.

« Dans ce cas, les individus composant ces corps seront congédiés avec une gratification égale à six mois ou un an de paie, selon les services rendus, sauf à récompenser d'une manière spéciale ceux qui l'auraient mérité exceptionnellement.

« Art. 14. Les présentes dispositions pourront aussi être appliquées à d'autres corps de volontaires qui, selon les éventualités locales, seront autorisés, dans la suite, par des décrets royaux.

« Notre ministre secrétaire d'État précité est chargé

de l'exécution de ce décret, qui sera enregistré cour des comptes.

« Donné à Florence, le 6 mai 1866.

« VICTOR-EMMANUEL.

« J. PETTINENGO. »

Précédemment, le ministre de la guerre avait adressé à toutes les autorités militaires et civiles du royaume la circulaire ci-après :

« Florence, 29 avril 1866.

« L'appel sous les armes des soldats appartenant aux classes provinciales impose une grave obligation aux citoyens. La défense nationale l'exige. Les Italiens la soutiendront avec empressement. Toutes les autorités militaires, toutes les autorités civiles, tous les hommes honnêtes, de cœur, sincèrement amis de la patrie, comprendront l'obligation de concourir par leur œuvre et leur influence à ce que chacun des appelés remplisse le devoir qui l'attache au drapeau national.

« L'exemple donné récemment par les hommes la deuxième catégorie de 1844 qui, partout, avec unanimité et empressement, sont accourus à l'appel de la loi, rendrait superflu cet appel, que le soussigné croit devoir faire afin que l'Italie entière admire ses fils groupés autour du roi, forte et assurée dans son patriotisme.

« Le ministre de la guerre,

« PETTINENGO. »

En même temps, le commandant militaire avait ait afficher sur les murs de Florence un manifeste pour l'appel sous les armes des militaires en congé illimité.

Les dames de la plus haute noblesse passaient leurs soirées à faire de la charpie pour les blessés. Un député patriote, M. Brofferio, composait, sur l'invitation du roi, un brûlant hymne de guerre dont la traduction suivante ne peut donner qu'une faible idée :

« Des épées l'éclair rapide éveille les rois et les peuples. Italiens, au camp ! au camp ! C'est votre mère qui vous appelle.

« Sus ! courons en bataillons, à travers le tonnerre des canons, le casque en tête, le fer en main. Vive le roi, des Alpes à la mer !

« De l'Éridan au Tessin, de la Sicile à la Toscane, lève-toi, peuple latin ; lève-toi et sois vainqueur ; Dieu le veut ! — Sus ! etc.

« Aux fêtes des combats nous guide le valeureux Bayard de Savoie, le vainqueur de Palestro. — Sus ! courons, etc.

« Des remparts les sentinelles nous crieront : — Qui va là ? — De l'Italie nous sommes les soldats : Nous apportons la guerre ou la liberté ! — Sus ! etc.

« Elles sont à nous, ces belles contrées, à nous, ces sentiers fleuris ; l'air, le ciel, les champs et les ondes te repoussent, toi, étranger. — Sus ! etc.

« Nation ausonienne, à ton noble destin ton astre ne peut faillir ; Victor, ton premier roi, a juré son serment et ne s'est jamais démenti. — Sus ! etc.

« Déjà le lion de Venise hérisse et secoue sa crinière frémissante ; lève-toi, gondolier, et reprends tes chansons ! — Sus ! etc.

« Dans le chemin de la gloire, sur le vaillant étendard italien brillera une fois encore le beau soleil de San Martino. — Sus ! etc.

« Dieu exaucera les vœux plusieurs fois séculaires

des héros. Plutôt mille morts que l'opprobre de la servitude. — Sus! etc. »

Le poète ne devait pas être témoin de la lutte que présageaient ses vers; quelques jours après avoir composé son hymne, il était foudroyé par une apoplexie.

On disait aux Italiens qu'ils ne devaient pas commencer l'attaque contre l'Autriche :

« Depuis six ans, répondaient-ils, l'Autriche nous attaque tous les jours ; elle nous attaque en fortifiant ses places de guerre, en inondant la Vénétie de ses Croates, en détenant un pays qui est notre pays, un pays dont la possession ne leur rapporte rien et dont la dépossession nous ruine, parce qu'elle s'oppose à la constitution définitive de notre unité nationale.

« Tant que les canons de Vérone et de Mantoue sont pointés sur l'Italie, la paix nous tue! »

Les choses en arrivaient au point qu'il était à craindre qu'à défaut de la guerre étrangère on n'eût la guerre civile.

La correspondance suivante, adressée de Florence à la *Presse*, mérite d'être lue. En la reproduisant nous ne prétendons pas insinuer qu'elle dise la vérité sur l'attitude de la France vis à vis de l'Italie et de l'Europe. Nous voulons seulement donner une idée des opinions qu'on se faisait au-delà des Alpes de la politique du gouvernement impérial :

« Florence, 28 mai.

« Si haute opinion que les Italiens aient de leur propre valeur, si persuadés qu'ils soient de l'excellence de leur armée et de l'élan de leurs volontaires, nous avons tous la certitude que *notre gouvernement* obéit à un mot d'ordre *venu de haut et de loin.*

« Fils de Machiavel — dans la bonne acception du mot, — nous nous résignons très-volontiers à ce rôle secondaire. Un Français peut-être lâcherait la proie pour l'ombre ; les Italiens savent plier pour arriver à leur but.

« Tout le monde est persuadé ici que le général La Marmora est un instrument ; il en est si convaincu lui-même qu'il lui est échappé de dire ces jours derniers : « *Je ne sais, en réalité, si nous sommes les alliés* « *de la Prusse ou de l'Autriche.* » Parole grave, digne d'être méditée.

« *L'Italie ne fait rien sans l'ordre de la France ;* si blessante que puisse être cette croyance pour l'honneur de notre gouvernement, elle est partagée par les hommes politiques les plus sérieux de notre pays. Ajoutons que cette conviction fait toute la force du ministère La Marmora en ce moment.

« M. de Bismark est pour nous le pivot de la situation ; en dépit de l'Autriche, des États secondaires, de la réprobation de l'opinion publique en Allemagne, en Angleterre, en France, ce contempteur des lois marche droit à son but sans jamais retourner en arrière.

« Si le général La Marmora lui obéit aveuglément, nous n'en sommes pas humiliés, car on nous dit que *derrière M. de Bismark il y a un million d'hommes, la France et la Russie.*

« Quand M. Ricasoli a été appelé par le roi pour accepter éventuellement la présidence du conseil, on a dû le mettre au courant de la situation. Ses amis savent qu'il a été très-étonné d'apprendre que le ministère italien avait été laissé en dehors de ces grandes combinaisons dont la France et la Russie auraient confié le secret à M. de Bismark seul.

« Que penser de l'attitude de la Russie en entendant la grande-duchesse Marie féliciter ceux de nos compatriotes qui quittent leur riche oisiveté pour suivre Garibaldi? Et qui donc ignore que les rapports de notre gouvernement avec le ministre de Russie, M. de Kisseleff, n'ont jamais été aussi cordiaux?

« Ajoutez que, pour être agréables à la Russie, les émigrés polonais n'ont point été autorisés à s'enrôler, comme autrefois, dans le corps des volontaires.

« N'allez pas supposer que nous détestons l'Autriche. Son despotisme n'a jamais eu rien de mesquin ni de cruel; elle sera notre meilleure alliée le jour où la Vénétie sera réunie au reste de l'Italie.

« Quant à la Prusse, elle ne nous inspire que des sentiments très-incomplets. Nous avons jadis déclamé contre l'annexion des duchés, contre le despotisme de M. de Bismark, et nous avons comme une fausse honte de l'applaudir aujourd'hui à outrance.

« Si jamais, à la suite d'une bataille décisive la Vénétie nous était cédée, croyez bien que la conquête de la Silésie par l'Autriche et l'humiliation de la Prusse nous trouveraient fort indifférents.

« N'oubliez pas que nous savons notre Machiavel par cœur.

« *Le corps diplomatique de Florence est persuadé qu'un accord est intervenu entre la France et la Russie*, accord reposant uniquement sur des éventualités déterminées.

« Si la Prusse l'emporte, elle absorbe le Hanovre que sa neutralité ne sauvera pas, le Hanovre qui lui a appartenu en 1805, puis la Saxe, objet perpétuel de sa convoitise. Sans parler des Duchés et d'autres petits États, elle ne s'arrête qu'à la Bavière.

« L'Autriche battue perd la Vénétie et reçoit l'Albanie et la Bosnie, deux provinces qui ont jadis appartenu à la Hongrie au douzième siècle. Elle transporte sa Vénétie ailleurs.

« La Turquie paie naturellement les frais de la guerre, la Russie s'empare du bas Danube; l'Angleterre proteste, et, impuissante, accepte le fait accompli.

« *La France prend ce qu'elle veut.*

« Si, au contraire, l'Autriche l'emporte, nul ne lui disputera la Silésie, qui est plus à sa convenance.

« La guerre doit durer un mois.

« Telle est la manière de voir de nos hommes politiques. *Ce qui paraît hors de doute, c'est l'alliance étroite ou la communauté de vues qui existent entre la France et la Russie.* »

Le correspondant du *Temps*, M. Erdan, écrivait à la même époque :

« La marine italienne va certainement jouer un grand rôle. Elle se compose en tout de 100 à 110 bâtiments de tout ordre. Les gens compétents disent que ce qu'elle pourrait mettre en ligne dans une bataille navale se composerait de 25 bâtiments, dont 11 cuirassés, et de 8 à 900 canons.

« L'amiral Vacca fait retentir Tarente et la mer Ionienne du bruit de ses exercices. Le prince Napoléon, qui a fait le tour du pied de la botte italienne doit se trouver en ce moment près de lui. Il y a lieu de croire que le voyage à l'île de Santorin est désormais fort problématique.

« Tout Naples a vu une lettre du général La Marmora au duc napolitain M. de Sant'Arpino, le nom le plus saillant de ce pays. Le duc est appelé comme aide de camp. Nos duchesses sont pleines d'élan : elles parlent déjà d'aller chercher des appartements à Bologne et à Ferrare, pour un mois seulement, car avant peu, dit-on dans l'enthousiasme des salons, on se logera sur le *Canal-Grande* de Venise.

« Il y a vraiment de l'enthousiasme. Je sens renaître 1859. Les recrues de 1846, la réserve de 1845, font des exercices chaque matin sous mes fenêtres, à Chiaja : *aux repos*, on se voit en Vénétie avant fin mai. Il y a toujours de grands débats pour savoir *si la France en est*. Ils ne le croient pas extrêmement nécessaire. Des officiers, même supérieurs, me disent que leur opinion est que la Prusse et l'Italie *donneront seules*. Les pékins, les hommes fins, trouvent que les résumés que le télégraphe nous donne des articles de M. Limayrac *sentent la coopération française*. Mais je ne suis là que rapporteur : je suis loin de juger des pensées de M. Limayrac sur les résumés du télégraphe. »

Tel était l'état des choses quand on apprit tout à coup que l'Autriche mettait à sa participation à la conférence des conditions inacceptables. L'importance de la dépêche renfermant ces conditions nous détermine à la reproduire textuellement :

« *A. S. A. M. le prince de Metternich, à Paris.*

« Vienne, 1er juin 1866.

« Mon prince,

« Vous trouverez dans l'annexe copie de la dépêche qui m'a été communiquée le 29 mai par M. le comte de Mosbourg, et qui transmet au gouvernement impérial l'invitation de prendre part à des délibérations communes qu'il s'agirait d'ouvrir prochainement à Paris. Une invitation semblable nous a été adressée en même temps et en des termes presque identiques par les cours de Londres et de Saint-Pétersbourg.

« Les trois cabinets nous informent que ces délibérations auraient pour objet de résoudre, dans l'intérêt de la paix, par la voie diplomatique, la question des duchés de l'Elbe, celle du différend italien, enfin celle des réformes à apporter au pacte fédéral allemand en tant qu'elles pourraient intéresser l'équilibre européen.

« Nous nous plaisons à rendre hommage au sentiment qui a dicté la marche des trois puissances. L'Autriche surtout est trop sensible aux bienfaits de la paix pour ne pas voir avec satisfaction les efforts tentés afin de détourner de l'Europe les calamités de la guerre. Malgré les difficultés inhérentes à notre position en face des conjonctures actuelles, malgré les objections bien naturelles que pourrait soulever dans notre esprit l'idée d'une réunion appelée à discuter des questions d'une nature fort délicate pour le gouvernement impérial, nous ne refusons pas de nous associer à ces efforts. Nous voulons donner ainsi une nouvelle preuve des vues conciliantes et désintéressées qui n'ont cessé de guider notre politique.

« Le gouvernement impérial désire seulement recevoir auparavant l'assurance que toutes les puissances devant participer à la réunion projetée sont prêtes, comme il l'est, à n'y chercher la poursuite d'aucun intérêt particulier au détriment de la tranquillité générale. Pour que l'œuvre de paix que les cabinets ont en vue puisse s'accomplir, il nous semble indispensable qu'il soit convenu d'avance qu'on exclura des délibérations toute combinaison qui tendrait à donner à l'un des Etats invités aujourd'hui à la réunion un agrandissement territorial ou un accroissement de puissance. Sans cette garantie préalable qui écarte les prétentions ambitieuses et ne laisse plus de place à des arrangements équitables pour tous au même degré, il nous paraîtrait impossible de compter sur une heureuse issue des délibérations proposées.

« Toute puissance animée de sentiments vraiment pacifiques n'hésitera pas à prendre un engagement semblable à celui que je viens d'indiquer, et les cabinets pourront dans ce cas s'occuper avec quelque chance de succès des moyens d'aplanir les difficultés du moment.

« Nous croyons que le gouvernement français ne pourra méconnaître ce qu'il y a de fondé dans notre demande. Il y verra sans doute le désir sincère d'assurer aux Conférences la seule base qui puisse prévenir les illusions, dissiper les malentendus, sauvegarder enfin les droits existants et permettre ainsi à l'Europe de rattacher de solides espérances de paix à l'ouverture des délibérations. Aussitôt que les trois gouvernements qui nous ont invité seront en mesure de nous faire parvenir l'assurance que nous demandons, le gouvernement impérial s'empressera de confirmer, par l'envoi à Paris d'un plénipotentiaire, l'adhésion qu'il donne dès aujourd'hui, sous cette réserve, à la proposition qui lui a été transmise.

« Il est bien entendu toutefois que la position prise par le gouvernement impérial vis à vis du gouvernement du roi Victor-Emmanuel ne pourrait être ni altérée ni préjugée par le consentement éventuel de l'Autriche à se faire représenter dans une réunion qui doit s'occuper du « différend italien. » Dans des conférences diplomatiques tenues avant que la guerre ait rompu tout engagement ultérieur, on doit admettre que le droit public européen et par conséquent les traités servent naturellement de point de départ.

« Nous pensons que cette remarque ne peut soulever d'objections ; elle suffit pour indiquer l'attitude que nous aurons à prendre, et nous croyons donner aux puissances un gage de la parfaite loyauté de nos intentions en montrant une franchise qui doit être entière de part et d'autre, si l'on veut qu'un essai sincère de conciliation soit tenté.

« Nous devons enfin exprimer quelque surprise de ce que le gouvernement pontifical ne soit pas également convié à prendre part à des délibérations concernant le différend italien. La situation de l'Italie ne saurait assurément être examinée sans qu'il soit tenu compte des intérêts de la papauté. En dehors des questions de droit que nous tenons pourtant à réserver intactes, la souveraineté temporelle du Saint-Père est un fait reconnu, à ce qu'il me semble, par tous les gouvernements.

« Sa Sainteté a donc le droit incontestable de faire entendre sa voix dans une réunion qui doit s'occuper des affaires d'Italie.

« Veuillez donner communication de la présente dépêche à M. Drouyn de Lhuys, et lui exprimer l'espoir qu'il accueillera nos observations avec l'esprit de loyauté qui nous les a inspirées.

« Nous pensons que les positions respectives doivent être nettement établies de part et d'autre, si l'on ne veut pas se bercer soi-même et l'Europe de nombreuses illusions, au risque d'aggraver ainsi le péril au lieu de le diminuer.

« Nous croyons donc rendre service à l'intérêt général en formulant une demande et en provoquant des explications qui seront de nature à répandre plus de clarté sur la situation.

« Recevez, mon prince, l'assurance de ma considération distinguée.

« Signé MENSDORFF, m. p. »

Voici l'analyse des instructions adressées par le cabinet de Vienne à ses représentants auprès des cours neutres. Ces instructions contiennent les explications verbales dont ces agents devaient accompagner la réponse impériale à l'invitation au congrès, pour préciser d'avance l'attitude que la cour de Vienne entendait prendre dans cette assemblée.

D'après ces explications, le gouvernement autrichien ne se dissimule pas qu'il fait dépendre son adhésion à la réunion du congrès projeté d'une condition qui peut aisément le faire avorter. Il préférerait peut-être qu'il en fût ainsi, car, plus il examine la situation, plus il lui paraît certain que l'Autriche n'a que peu de résultats à attendre des délibérations que les puissances neutres se proposent d'ouvrir. Il est clair également que, quels que soient les ménagements apportés à la rédaction du programme, l'examen du différend italien ne saurait avoir pour signification qu'une demande de cession de la Vénétie.

L'Autriche ne pourrait aujourd'hui opposer à une pareille demande qu'un refus absolu. Céder une province devant une pression morale, une province de cette importance au triple point de vue militaire, maritime et politique, équivaudrait à un acte de suicide, qui ferait déchoir la monarchie à tout jamais de son rang de grande puissance.

Le gouvernement impérial ne saurait accepter une indemnité pécuniaire; son honneur et sa dignité s'y opposeraient.

Une combinaison de nature à amener un échange contre une compensation territoriale ne pourrait être que la conséquence d'une guerre et de grands changements territoriaux qui s'ensuivraient; mais une pareille combinaison ne saurait être le résultat d'une délibération paisible autour d'un tapis vert.

Poser la question de savoir où trouver les compensations, c'est indiquer les difficultés.

Parlerait-on de la Turquie? Son démembrement n'est pas à l'ordre du jour; d'ailleurs ni les provinces danubiennes, ni la Bosnie, ni l'Herzégovine, ne constituent aux yeux de l'Autriche, dans leur état actuel, un équivalent pour la Vénétie. Ces contrées, chez qui l'ordre et le progrès laissent encore à désirer, et qui sont si peu productives, ne seraient qu'une cause de faiblesse; et au lieu de fournir de nouvelles ressources à l'Autriche, elles ne serviraient qu'à l'épuiser.

L'Autriche ne saurait parler de compensations en Allemagne; elle est trop éloignée de désirer la réalisation de pareilles éventualités; elle préfère avant tout que chacun garde ce qui lui appartient légitimement.

Si malheureusement la guerre venait à éclater, si la Providence, bénissant ses drapeaux, amenait par des succès militaires la consolidation de sa puissance, si son ascendant moral en Europe se relevait, et si des remaniements territoriaux s'effectuaient à son avantage, alors l'Autriche pourrait, usant avec modération de ses succès, consentir à renoncer à une de ses anciennes possessions. Dans l'intérêt de la pacification générale, elle serait portée à souscrire à des concessions qu'elle ne pourrait accorder à des menaces sans montrer une faiblesse qui ne ferait qu'enhardir ses adversaires et redoubler leurs exigences.

Des négociations ayant pour but l'abandon de la Vénétie froisseraient profondément aujourd'hui le sentiment public et l'honneur militaire de la vaillante et nombreuse armée réunie sous les drapeaux de l'empire.

L'Autriche doit donc regarder comme tout à fait

impossible une solution dans le sens indiqué, et il ne lui resterait dans une conférence qu'à proclamer hautement cette impossibilité; c'est ce qui ferait retomber encore plus gravement sur elle la responsabilité de l'avortement du congrès.

L'Autriche ne peut, dans un congrès se réunissant aujourd'hui, envisager la question italienne et celle de Venise, qui en fait partie, qu'au strict point de vue du droit tel qu'il ressort des traités. En se plaçant sur ce terrain des traités, elle ne saurait le faire à demi sans affaiblir elle-même ses arguments et sa cause; elle ne pourrait jamais admettre une discussion sur les affaires d'Italie qu'en prenant pour point de départ des traités dont la non-exécution est l'origine de la situation actuelle. Une pareille argumentation, la seule qu'elle puisse employer, lui susciterait à chaque pas des difficultés qui entraveraient toujours une solution pacifique.

La justesse et l'évidence de ces observations paraissant incontestables, une semblable attitude de l'Autriche au sein du congrès fournirait à ses adversaires des armes pour rejeter uniquement sur elle la faute de l'insuccès des négociations. Il est manifeste que plus les espérances de paix auraient été accrues par l'ouverture du congrès, plus vifs seraient les reproches qu'on adresserait au cabinet impérial, s'il le faisait échouer.

En forçant les chefs des principaux cabinets de l'Europe à se séparer sans aucun résultat fructueux, après avoir donné au monde entier le pompeux spectacle de leur réunion, l'Autriche n'aura-t-elle pas à craindre d'exciter des rancunes dangereuses?

Telles sont les considérations qui ont dicté la réponse de l'Autriche à l'invitation des trois cours. En posant à son adhésion une condition qui écarte toute mention de ses intérêts particuliers, et qui se borne à demander un engagement général dont l'équité est incontestable, le gouvernement impérial se place sur un meilleur terrain qu'en acceptant une discussion à laquelle il serait obligé de couper court par des refus absolus.

L'Autriche serait très-disposée à accepter et désirerait même la réunion du congrès, si elle pouvait obtenir la garantie qu'aucune puissance n'a l'intention de s'en servir comme d'un moyen pour atteindre plus aisément un but qu'elle hésite à poursuivre les armes à la main.

Si les puissances ne peuvent ou ne veulent se résoudre à interposer leur autorité pour refouler des aspirations incompatibles avec l'état de paix, et pour opposer une barrière à des prétentions incessantes et à des plans agressifs, qu'elles laissent au moins la défense aussi libre que l'attaque! Forte de son bon droit, l'Autriche n'invoque le secours de personne, mais elle réclame hautement la faculté de garder ce qui lui appartient aussi longtemps qu'elle pourra le faire.

Ainsi donc :

La présence aux délibérations du représentant de Rome ;

Le retour au traité de Zurich ;

Le maintien des délimitations territoriales actuelles par les puissances réunies en conférence ;

Tels étaient les trois points que l'Autriche réservait et qui rendaient toute entente impossible.

Le programme de la conférence impliquait la solution pacifique de trois questions. L'une de ces trois questions, celle de la réforme fédérale allemande, ne pouvait y figurer qu'à titre accessoire, puisque cette réforme n'était encore qu'en projet, ainsi que l'a prouvé la circulaire suivante envoyée par la Prusse à tous ses représentants à l'étranger :

« Berlin, le 27 mai.

« Votre Excellence trouvera, dans l'exposé suivant, quelques considérations de nature générale sur la position de la Prusse vis à vis de la réforme fédérale et vis à vis des intentions dont a été animé S. M. le roi à la récente reprise de ces propositions de réforme, considérations dont l'emploi convenable à une adhésion donnée pourrait se recommander.

« Si, dans la forme actuelle de la Confédération, nous devions aller au-devant d'une grande crise, un bouleversement révolutionnaire complet en Allemagne en serait, dans l'état d'inconsistance de la situation actuelle, la conséquence la plus probable. On ne saurait prévenir une catastrophe semblable que par une réforme opérée d'en haut, en temps opportun.

« Ce n'est pas le grand nombre de *demandes non justifiées* qui donne de la force aux mouvements révolutionnaires, mais ordinairement c'est la part peu considérable *des demandes justifiées* qui offre les prétextes les plus efficaces à la révolution et qui prête aux mouvements une force durable et dangereuse.

« Il est hors de doute qu'un certain nombre de besoins justifiés du peuple allemand n'ont pas été satisfaits dans la mesure à laquelle chaque grande nation aspire. En amener la satisfaction par la voie régulière d'une entente, telle est la tâche de la réforme fédérale. Cette dernière est bien précisément nécessaire dans l'intérêt même du principe monarchique.

« Elle doit, par l'initiative des gouvernements, remédier aux inconvénients qui, dans des temps agités, peuvent devenir la source et le prétexte de tentatives pour se faire droit à soi-même par la violence. C'est dans ce sens que sont conçues les propositions de réforme du gouvernement prussien. Elles se borneront aux choses les plus indispensables et se prêteront avec facilité aux modifications désirées par les confédérés.

« Le but à atteindre exige sans doute des sacrifices, non de la part d'États isolés, mais dans une mesure égale pour tous.

« En ce qui concerne S. M. le roi personnellement, il n'y a rien de plus éloigné de sa pensée que de vouloir porter préjudice aux princes allemands, ses confédérés, ou de vouloir les opprimer. Sa Majesté veut prendre soin avec eux, comme un de leurs égaux, en commun, de la sûreté commune au dedans et au dehors, mais mieux que cela n'a été fait jusqu'ici. Ceux qui présentent cette volonté sérieuse et cette tendance de Sa Majesté, depuis longtemps dirigées vers ce but, comme un résultat d'une ambition personnelle, altèrent les faits qui rendent un témoignage évident de la manière d'agir et de penser de Sa Majesté.

« Sa Majesté le roi a toujours été bien éloigné d'avoir une ambition qui aurait cherché sa satisfaction aux dépens de ses voisins et de ses confédérés, bien que, d'après des expériences multiples, il ait dû renoncer à faire taire la calomnie.

« Sa Majesté n'a pas non plus l'intention actuellement, en proposant la réforme fédérale, de demander aux princes allemands des sacrifices que la Prusse ne serait pas prête elle-même à faire dans l'intérêt de l'ensemble; le refus des concessions indiquées dans les propositions de réforme du gouvernement prussien, concessions modestement minimes et incombant également à tous les participants, y compris la Prusse, impliquerait, à notre avis, une grave responsabilité pour l'avenir.

« Nous avons d'abord essayé d'établir avec divers gouvernements en particulier une entente préalable sur nos propositions, puis dans le comité des neuf à Francfort, nous les avons précisées comme il suit :

« 1° L'organisation de la Confédération sera, par la combinaison d'une représentation nationale périodique, formée de manière à ce que le vote de cette représentation nationale remplacera l'unité des voix sur le terrain de la législation fédérale qui sera désigné ;

« 2° La compétence de ce pouvoir fédéral ainsi reconstitué s'étendra d'abord sur les matières qui jusqu'ici ont toujours été traitées par la voie des conférences se réunissant selon les occasions, ou qui ont été renvoyées à des commissions, comme, par exemple, le système des monnaies, poids et mesures, la loi des brevets, la procédure civile, l'indigénat et la liberté de changer de domicile ;

« 3° Il faut y ajouter la législation générale en matières de douanes et de commerce au double point de vue d'un progrès régulier et commun ;

« 4° Organisation d'une protection commune du commerce allemand à l'étranger, institution consulaire, protection du pavillon sur mer ;

« 5° Les communications entre les États fédéraux, les routes, les canaux, les chemins de fer, les télégraphes, les postes, les droits de navigation fluviale et maritime ;

« 6° La fondation d'une marine de guerre dans un but commun, la création des ports de guerre jugés nécessaires et la fortification des côtes ;

« 7° Révision de la constitution militaire fédérale en vue de consolider les forces militaires actuelles de la nation, soit pour le service actif de campagne, soit pour celui des forteresses, afin d'arriver à une meilleure organisation de l'ensemble des contingents et tout en allégeant, autant que possible, les charges des États pris séparément.

« Nous avons des pouvoirs non limités à ces demandes modestes, et nous avons donné en même temps l'assurance que, pour arriver par une voie pacifique à une entente sur ces propositions, nous serions tout disposé, quant aux modifications, à aller au-devant de nos confédérés.

« Ce n'est que lorsque la Prusse aura vainement épuisé, par la voie d'une entente au sein de la Confédération, tous les moyens d'obtenir les concessions les plus indispensables, que nous élargirons notre programme restreint.

« Votre Excellence est priée de ne pas laisser sans profit ces indications dans les discussions qui pourront se présenter à l'occasion. »

Les deux autres questions, celle des duchés de l'Elbe et celle de la Vénétie, étaient, au contraire, arrivées à un point où il devenait inévitable de les résoudre définitivement, soit par la diplomatie, soit par la guerre.

L'Autriche porta la question des duchés devant la diète de Francfort et se refusa à toute discussion pratique sur la Vénétie. Ces deux questions se trouvant soustraites aux délibérations de la conférence, elle n'avait plus de raison d'être.

La nouvelle attitude de l'Autriche fut attribuée par divers journaux à un revirement de la Russie, à un rapprochement et un accord tacite entre ces deux pays également intéressés à repousser les envahissements des idées de progrès qualifiées par elles de passions révolutionnaires.

Le journal l'*Italie* publia aussitôt la note suivante dont nous n'avons pas besoin de faire ressortir la gravité :

« Par suite de la déclaration des puissances neutres, déclaration que nous avons annoncée hier, et qu'on a mal à propos contestée, l'*Italie est dégagée de l'obligation morale qu'elle avait prise de ne pas attaquer l'Autriche.*

« Elle rentre dans la plénitude de sa liberté d'action.

« Nous ne pouvons dire comment elle en usera. Mais la ligne de conduite qui sera adoptée devra être exclusivement déterminée par les intérêts du pays, qui se trouve délié de tout engagement vis à vis des neutres. »

Doit-on regretter l'abandon du projet de conférence ? Nullement, ce nous semble. Quels eussent été en effet ses résultats ? Le programme devait comprendre, comme nous l'avons dit, la Vénétie, les duchés de l'Elbe, la Silésie et sans doute aussi quelques autres questions que les plénipotentiaires se fussent empressés de mettre sur le tapis.

Pouvait-on raisonnablement espérer que l'Autriche abandonnât à l'Italie le territoire vénitien. Il est évident que l'Italie n'avait aucun équivalent à lui offrir en échange, et l'on comprend difficilement que la Russie ou la Prusse eussent été mises en demeure de fournir la compensation demandée.

L'Autriche savait fort bien qu'il était impossible aux plénipotentiaires assemblés de tailler, dans une partie quelconque de l'Europe, une portion de territoire qu'elle pût accepter volontiers en échange de la Vénétie.

Mais l'arrangement de la question des duchés de l'Elbe présentait des difficultés non moins insurmontables.

La Prusse n'avait point fait mystère de son désir de s'annexer les Duchés : et le but de cette acquisition est facile à comprendre. La Prusse tend à devenir une grande puissance maritime, de même qu'elle voudrait aussi absorber tout le reste de l'Allemagne.

L'Autriche connaît ces projets, et elle a résolu, même au prix d'une guerre sanglante, d'empêcher leur réalisation. Pour elle, ce n'est point une lutte ayant pour objet la suprématie ou même une égalité de pouvoir, c'est une question d'existence. Mais alors, qu'on nous permette de demander quel est le prix que les plénipotentiaires eussent proposé à l'Autriche pour cette concession, sans laquelle il était insensé de supposer que sa rivale se déclarât satisfaite?

On ne saurait se dissimuler non plus l'importance de certains actes par lesquels le gouvernement de l'empereur François-Joseph semblait avoir voulu préparer l'opinion publique à sa réponse aux puissances : l'emprunt forcé en Vénétie, la remise à la Diète de l'examen de la question des Duchés et la convocation des États du Holstein.

L'abandon du projet de conférence a épargné à l'Europe une plus longue attente, et aux États intervenants un désappointement plus sérieux que celui qu'ils ont éprouvé par suite du refus déguisé du cabinet de Vienne.

La dépêche suivante résume les griefs de la Prusse contre l'Autriche.

« Berlin, 6 juin.

« J'ai déjà communiqué à Votre Excellence, en une autre occasion, la dépêche que j'adressais le 7 du mois dernier à l'ambassadeur du roi à Vienne relativement à la note du comte de Mensdorff, en date du 25 avril, sur la question des duchés de l'Elbe. J'ai choisi à dessein pour cette communication la forme d'une exposition confidentielle de faits non destinée à être transmise en copie, parce que l'expérience m'a appris qu'une entente réelle n'est pas amenée par un échange de documents qui ont ordinairement une publicité immédiate, et aussi parce que le premier désir du gouvernement du roi était d'offrir de nouveau et de laisser au cabinet de Vienne la possibilité d'un rapprochement.

« Nous avions aussi, dans le principe, un motif de penser que cette démarche de notre part serait appréciée à Vienne et, jugeant d'après ses observations au baron de Werther, le comte de Mensdorff semblait avoir entrevu une telle possibilité. En effet, la teneur de notre communication, lorsqu'elle a été connue, a été regardée comme une preuve de cordiales dispositions et d'espérances croissantes dans le maintien de la paix ; nous avons vainement attendu une réponse ; nous n'avons pas même reçu une simple parole de l'ambassadeur de l'empereur à ce sujet.

« Nous sommes obligés, au contraire, de considérer la déclaration faite par le gouvernement autrichien à la diète de Francfort-sur-le-Mein, le 1er juin, comme la réponse à nos ouvertures conciliatrices. Dans cette déclaration, après une exposition rétrospective en désaccord avec les faits et offensive pour la Prusse, l'Autriche remet à la Diète la décision de la question du Schleswig-Holstein, et en même temps donne avis d'un acte de souveraineté dans le Holstein, savoir, la convocation des États, ce qu'elle n'a pas le droit de faire à elle seule du moment où elle s'est déliée elle-même du traité de Gastein en s'en référant à la Diète, et par cela même a substitué les anciens rapports de copossession à la récente division géographique.

« Nous avons déjà protesté à Vienne contre cet acte injustifiable, ainsi que contre le fait aussi injustifiable d'avoir disposé de nos droits par la remise qu'elle en a faite à la Diète, nous réservant de prendre des mesures ultérieures.

« Mais d'abord il me faut déclarer que dans ces procédés du gouvernement autrichien à notre égard, nous ne pouvons voir qu'une chose : l'intention d'une provocation directe et le désir d'amener forcément une rupture et une guerre.

« Toutes nos informations s'accordent pour montrer que la détermination de faire la guerre à la Prusse est bien définitivement arrêtée à Vienne.

« Je puis confidentiellement informer Votre Excellence, suivant le désir du roi, qu'à l'époque où nous avons adressé la communication conciliante ci-dessus mentionnée à Vienne, le roi, mu par la pensée de préserver la paix autant que possible, a prêté volontiers l'oreille à une proposition d'entente directe émanant d'une source impartiale à Vienne, et d'abord communiquée au roi sans la participation du ministre, afin de s'assurer si S. M. l'empereur d'Autriche était toujours mu par le désir de maintenir la paix.

« La proposition consistait à traiter la question du Schleswig-Holstein et de la réforme fédérale en commun, et, grâce à cette simultanéité, de faciliter la solution des deux questions. Les négociations, appuyées par les désirs les plus conciliants de la part des médiateurs, n'ont fait, ainsi que Sa Majesté m'en informe, que démontrer qu'un sentiment correspondant n'existe plus à Vienne. Elles ont constaté (nonobstant l'amour de la paix que l'empereur professe en théorie) l'aspiration à la guerre qui domine toute autre considération dans le sein de son conseil entier, même parmi ceux qui, à notre connaissance, avaient précédemment voté contre la guerre et même contre les préparatifs et les armements, et que cette aspiration a maintenant obtenu une influence décisive sur l'empereur lui-même. Non-seulement on y a manifesté une entière absence de toute disposition à entrer dans des négociations confidentielles et à discuter les chances d'un accord, mais il est parvenu au roi, par une source authentique, des expressions d'hommes d'État autrichiens influents et de conseillers de l'empereur qui ne permettent pas de douter que les ministres impériaux désirent la guerre à tout prix, en partie dans l'espérance d'obtenir des succès sur le champ de bataille, en partie pour triompher d'embarras intérieurs, et même avec l'intention expresse de venir au secours des finances autrichiennes par des contributions prussiennes ou par une honorable banqueroute.

« Les actes du gouvernement autrichien ne coïncident que trop bien avec cette intention.

« J'ai dit plus haut que nous sommes forcés de reconnaître une provocation directe dans la déclaration remise à la Diète. Elle n'a de signification qu'autant que le cabinet de Vienne entend la faire suivre immédiatement de la rupture, car il n'a pas pu penser que nous endurerions tranquillement son attaque à nos droits.

« Passons à une autre question. L'emprunt forcé décrété en Vénétie, qui n'est qu'un trait de plus d'amertume dans les circonstances, prouve que l'Autriche ne veut recourir vis à vis de l'Italie aussi qu'aux moyens les plus extrêmes. On en a la preuve dans les réserves dont, suivant les informations arrivées ici, elle a accompagné sa réponse à l'invitation à la conférence, et qui, ainsi que nous l'apprenons, sont interprétées par les trois puissances comme équivalant à un refus.

« Après la forme de l'invitation libellée, par suite de négociations entre les puissances qui la faisaient, de manière que l'Autriche pût l'accepter sans s'engager d'avance à rien et sans être contrainte de faire des réserves, c'est précisément le cabinet de Vienne qui rend tous ces travaux inutiles.

« Derrière ceci nous ne pouvions voir que l'intention bien arrêtée de la part de l'Autriche d'imposer la guerre à la Prusse et de se servir des négociations relatives au congrès uniquement dans le but de gagner du temps par atermoiement, attendu que ses arrangements à elle-même, et surtout ceux de ses alliés, n'étaient pas encore complets. La guerre est une chose bien résolue à Vienne. L'unique question ultérieure est de choisir le moment favorable pour commencer.

« Cette conviction nous est imposée de la façon la plus impérative par les faits les plus récents, et nous considérons qu'il est impossible d'arriver à une autre conclusion, à moins qu'on ne juge de parti pris.

« Les faits parlent trop haut maintenant pour que les commentaires oiseux, basés sur de simples conjectures, sur des bruits absurdes au sujet des tendances belliqueuses supposées de la Prusse, ne tombent pas d'eux-mêmes par la comparaison. Peut-être nous croira-t-on enfin quand nous protestons solennellement contre toute intention ou désir de faire prévaloir nos prétentions sur les duchés par la force et sans tenir compte des droits de notre copossesseur. Maintenant aussi probablement, il ne sera pas difficile de comprendre le motif réel des armements par lesquels l'Autriche a fait naitre la présente crise et dont elle a pris soin de rendre impossible la disparition au moyen du congrès par l'attitude qu'elle a prise.

« Nous pouvons en appeler, avec une conscience tranquille, au jugement de tous les hommes d'État impartiaux, pour décider de quel côté il a été fait preuve de conciliation et d'amour de la paix jusqu'au dernier moment.

« Je demande respectueusement à Votre Excellence de parler dans le sens de cette dépêche au ministre des affaires étrangères à la cour près de laquelle vous êtes accrédité.

« Berlin, le 4 juin.

« Bismark. »

La parole est désormais aux événements.

On lisait dans la *Gazette de la Croix*, du 7 juin :

« Après les déclarations faites vendredi au sein de la Diète, par lesquelles l'Autriche a annulé, pour sa part, la convention de Gastein, la situation créée par le traité de Vienne est rentrée en vigueur.

« Les deux grandes puissances ont l'administration des deux duchés, et chacune peut placer des garnisons dans les deux duchés, la Prusse dans le Holstein, l'Autriche dans le Schleswig. L'usage isolé de droits communs est désormais inadmissible. »

Le cabinet de Berlin se mit en mesure d'accomplir la menace qu'il avait faite de réoccuper le Holstein au nom de ses droits de souveraineté compromis, suivant sa déclaration, par les derniers actes de l'Autriche dans la Diète et par la convocation des États du duché. Les troupes prussiennes quittèrent le Schleswig, passèrent l'Eider sous le commandement du général Flies et se dirigèrent sur Kiel, Rendsbourg et Itzehoe, où devait se réunir la Diète holsteinoise. Au moment d'exécuter ce mouvement, le général Manteuffel, gouverneur du Schleswig, adressa aux habitants du pays une proclamation portant que l'invasion du Holstein avait pour but la protection des droits de souveraineté de la Prusse, et ajoutant que cette mesure avait un caractère purement défensif.

A la nouvelle de l'entrée des troupes prussiennes,

le général de Gablenz, gouverneur du Holstein pour le compte de l'Autriche, lança un manifeste dans lequel il protestait solennellement contre cet acte d'exécution et réservait les décisions ultérieures de son gouvernement. Par son ordre, les troupes autrichiennes, d'ailleurs trop faibles pour résister, se replièrent dans la direction du Hanovre. Le général de Gablenz se porta de sa personne à Altona, avec son état-major, et transféra dans cette ville la lieutenance et le gouvernement du pays. Le duc d'Augustenbourg se réfugia à Hambourg.

Le 8 juin, la Diète de Francfort tint une séance très-agitée et se sépara sans émettre un vote sur la question des duchés.

Cette absence de vote n'impliquait pas, de la part de l'assemblée fédérale, un retour en arrière devant l'attitude menaçante de la Prusse ; elle signifiait seulement qu'ayant pris acte de la déclaration par laquelle le cabinet de Vienne lui remettait la solution de la question, solution qu'elle avait constamment réclamée comme lui appartenant de droit, elle n'avait pas à se prononcer de nouveau, et marchait désormais en parfait accord sur ce point avec l'Autriche.

Cette attitude de la Diète était aussi significative qu'eût pu l'être un vote circonstancié, s'il avait été posé, et ce vote n'était pas inscrit à l'ordre du jour. Il n'y avait en réalité que celui relatif aux garnisons des forteresses fédérales. La Diète, en décidant que les troupes autrichiennes et prussiennes quitteraient ces forteresses et y seraient remplacées par des contingents fédéraux, déclara explicitement qu'elle considérait la Prusse et l'Autriche comme étant déjà en état de guerre. Et il ne faut pas oublier, si l'on veut apprécier le sens et la portée de ce vote, que les États secondaires ont, dans une certaine mesure, lié leur sort à celui de l'Autriche, en acceptant sa déclaration concernant le Holstein.

La Diète dut d'autant moins se faire illusion qu'elle émit ce vote après les explications très-vives échangées entre les ministres de Prusse et d'Autriche, explications desquelles il résulta que, si le gouvernement prussien considérait comme un acte d'hostilité de la part du cabinet de Vienne sa précédente déclaration en Diète et était résolu à s'opposer par la force à la réunion des États du Holstein, convoqués pour le 11 juin, l'Autriche était non moins résolue à maintenir sa ligne de conduite et à repousser la force par la force.

C'était donc dans le Holstein, à Altona, qu'allait se décider la question de paix ou de guerre, ou plutôt, — car on ne pouvait plus se faire illusion, — c'était à Altona, qu'allaient commencer les hostilités. Et comme les informations marchent vite sur les fils du télégraphe électrique, il était probable que les armées en présence sur les frontières de la Silésie et de la Saxe, informées de l'ouverture des hostilités, se mettraient aussitôt en mouvement de part et d'autre. On avait même des raisons de croire que les hostilités pourraient commencer en même temps en Italie.

Telle était la situation au 10 juin.

V

Forces militaires, terrestres et maritimes de l'Autriche, de la Prusse, des divers Etats de la Confédération germanique et de l'Italie. — L'armée du grand Frédéric. — L'ordinaire du soldat prussien. — Lettre de l'Empereur.

L'Allemagne paraissant se séparer en deux groupes prêts à s'attaquer, on a essayé de déterminer la composition de ces groupes d'après les opinions émises par les États au sein de la Diète.

Les États allemands qui se sont prononcés contre la Prusse, en faveur de la proposition saxonne, peuvent disposer des forces suivantes :

L'Autriche compte sur le pied de guerre	600,000	hommes.
La Bavière	200,000	—
La Saxe	26,000	—
Le Hanovre	30,000	—
Le Wurtemberg	29,000	—
Bade	18,500	—
Hesse-Darmstadt	12,000	—
Saxe-Cobourg	2,200	—
Brunswick	5,000	—
Nassau	6,000	—
Saxe-Meiningen	2,000	—
Saxe-Weimar	3,500	—
Altenbourg	1,800	—
Lichtenstein	150	—
Les Deux-Reus	1.500	—
Hesse-Hombourg	500	—
Schaumbourg-Lippe	500	—
Lippe-Detmold	1,500	—
Waldeck	100	—
Total	941,150	—

Les États qui ont voté avec la Prusse disposent :

La Prusse.... ....de	500,000	hommes.
Mecklembourg-Schwerin....	6,000	—
Mecklembourg-Strelitz......	2,000	—
Hesse Électorale...........	15,000	—
Oldenbourg...............	4,000	—
Anhalt-Dessau.............	1,500	—
Anhalt-Bernbourg..........	800	—
Schwarzburg-Sundershausen.	800	—
Schwarzburg-Rudolstadt....	1,000	—
Lubeck..................	800	—
Francfort................	1,200	—
Brême..............	800	—
Hambourg................	2,200	—
Total..........	536,100	—

Voici maintenant d'autres chiffres statistiques; ceux-ci portent sur la population des États qui ont voté pour ou contre la proposition saxonne.

Ont voté pour :

L'Autriche.............	12,802,944	hommes.
La Bavière..............	4,689,837	—
La Saxe................	2,225,240	

Le Hanovre.............	1,888,070	—
Le Wurtemberg.........	1,720,708	—
Bade....................	1,369,291	—
Hesse-Darmstadt.........	856,907	—
Les maisons saxonnes (douzième curie).............	1,142,887	—
Le Brunswick...........	282,400	—
Le Nassau..............	457,571	—
La seizième curie........	257,348	—
Total...	27,613,203	hommes.

La population de la Prusse et des Etats qui ont voté avec elle ne s'élève qu'à............. 15,072.490

Différence en moins... 12,540,713

Ces totaux ne comprennent que la population faisant partie de la Confédération germanique.

Le nombre des Prussiens non confédérés est de 5,200,000 h.

Entrons maintenant dans les détails, et commençons par l'Autriche.

Voici des chiffres puisés aux sources authentiques.

En 1857 l'empire d'Autriche comptait 35 millions

d'habitants, sur lesquels il en perdit en 1859, par la paix de Villafranca, environ 2,726,000. Il lui reste aujourd'hui environ 33 millions d'habitants, dont 2 millions et demi de Lombards-Vénitiens.

Les autres éléments de la population se décomposent ainsi :

	Allemands,	8,000,000
	Slaves,	16,000,000
dont :	Polonais,	2,000,000
	Ruthènes,	2,800,000
	Croates,	1,400,000
	Czèches et Slovaques,	6,000,000
	Magyars,	5,000,000
	Juifs,	1,100,000
	Bohémiens,	150,000

Sous le rapport des cultes, la population de l'empire se compose ainsi :

Catholiques,	22,500,000
Grecs unis,	3,500,000
Grecs non unis,	3,000,000
Luthériens,	1,200,000
Calvinistes,	2,000,000
Juifs.	1,100,000

L'Autriche proprement dite ne compte guère que 2,500,000 habitants.

La Hongrie en compte	10,000,000
La Galicie,	4,600,000
La Bohème,	4,800,000
La Silésie autrichienne,	450,000

Quant à la Silésie prussienne, sa population est aujourd'hui d'environ 3,500,000 habitants.

Sur le pied de paix, l'Autriche entretient une force de près de 300,000 hommes avec des cadres qui, sur le pied de guerre, portent les troupes au chiffre de plus de 600,000.

C'est du pied de guerre que nous nous occupons.

L'Autriche a en ligne 438,592 soldats d'infanterie de ligne, formant 80 régiments à quatre bataillons et six compagnies, et 14 régiments dits de frontière, plus 48,846 hommes d'infanterie légère, parmi lesquels un régiment à six bataillons de chasseurs tyroliens et 32 bataillons de chasseurs de campagne.

Sa cavalerie, divisée en cavalerie de ligne et en cavalerie légère, présente un total de 41,903 hommes.

La cavalerie de ligne se compose de 42 régiments

de cuirassiers, dont onze à 5 escadrons et un à 6.

La cavalerie légère comprend : 2 régiments de dragons, 12 de hussards, 12 de lanciers, de 7 escadrons chacun en temps de guerre, 2 régiments de volontaires-hussards et 1 régiment de volontaires-lanciers, à 8 escadrons chacun.

Dans l'artillerie, forte de 50,459 hommes, nous trouvons 12 régiments, plus 1 régiment d'artillerie des côtes, avec un total de 20,306 chevaux sur le pied de guerre.

Deux régiments du génie à quatre bataillons et six bataillons de pionniers à quatre compagnies chacune forment l'arme du génie.

Quant au corps du train des équipages, il comprend un nombre réglementaire de 54 escadrons, mais, en temps de guerre, ce nombre s'accroît selon les besoins.

En ajoutant à cet effectif la garde allemande et celle du palais, ainsi que les dix régiments de gendarmerie et les autres troupes dites de sûreté publique, on arrive au total de 631,642 soldats de toutes armes.

Dans ce chiffre, déjà très-élevé, ne sont pas compris les dragons d'état-major, les bataillons de volontaires, la cavalerie irrégulière, la milice armée des frontières militaires, les tirailleurs volontaires du Tyrol, les compagnies de discipline, et tout le personnel des ateliers militaires, des remontes, des subsistances, etc.

On prête à l'empereur François-Joseph la pensée de porter à 700,000 hommes l'effectif armé de l'empire autrichien.

La marine autrichienne est composée de la façon suivante :

Vaisseau. — Kaiser.

Frégates cuirassées de 1re classe, 2. — Ferdinand-Max — Habsburg.

Frégates cuirassées de 2e classe, 3. — Kaiser-Max — Prince-Eugène — Juan-d'Autriche.

Frégates cuirassées de 3e classe, 2. — Salomander — Drache.

Frégates à hélice, 5. — Schwarzenberg — Novara — Radetzky — Adria — Donau.

Corvettes à hélice, 2. — Friedrick — Dandolo.

Canonnières à hélice de 2e classe, 7.

— — de 3e classe, 3.

Schooners, — — 3.

Yacht, 1. — Greif.

Avisos à vapeur, 9. — Elisabetha — Lucia — Andréas-Hofer — Curtatone — Bulkan — Fauvus — Triest — Fiumi — Hentzi.

Frégate à voiles, 1. — Bellona.

Corvettes à voiles, 2. — Caroline — Minerva.

Bricks, 3. — Hussar — Montecuccoli — Plades.

Schooners, 2. — Saida — Arethusa.

Vapeurs à aubes, 7. — Frantz-Joseph — Hess-Alnoch — Gonzkowsk — Mirn — Messagieri — Taxis.

Transport schooner, 1.

6 canonnières sur le lac de Garde.

3 id. à hélice dans les lagunes.

6 id. à aubes. —

1 batterie cuirassée — 3 pontons.

Le tout portant 852 canons et 10,937 hommes d'équipage.

L'Autriche possède, en outre, 51 navires à voiles, armés de 348 bouches à feu et elle fait construire plusieurs navires cuirassés. Mais, faute de ports, la moitié de ce matériel naval ne peut servir en temps de guerre.

Sous le rapport maritime, l'Autriche est bien loin d'avoir des ressources équivalentes à celles du royaume d'Italie, qui, baigné par deux mers, a dû, en se constituant, se préoccuper autant de développer ses forces navales que d'étendre les cadres de son armée, et dont la flotte est tout entière en mer ou dans les ports d'armement.

L'armée de terre autrichienne, l'une des plus fortes de l'Europe, est commandée par 3 feld-maréchaux, 13 feld-zeugmestres, 78 lieutenants feld-maréchaux et 121 majors-généraux. La plupart de ces officiers généraux ont fait la guerre et comptent de bons services ; les soldats sont aguerris ainsi que les officiers subalternes. Cependant, comme elle est divisée en trois ou quatre corps actifs, elle ne présente pas au gouvernement autrichien toutes les ressources qu'il tirerait d'un pareil effectif dont les éléments seraient plus centralisés.

452 bataillons d'infanterie, 321 escadrons de cavalerie, 1,086 pièces de campagne, 72 compagnies d'artillerie de forteresses, 9 bataillons de pionniers, quelque chose comme 650 ou 700,000 soldats, voilà l'effectif de l'armée prussienne au mois de juin 1866.

C'est l'armée la plus plus forte que la Prusse ait jamais mise sur pied ; voici qui le prouvera.

A pareil jour, il y a 85 ans, une manière d'almanach français, intitulé : *Recueil d'événements curieux et intéressants, ou tableau politique, historique et philosophique de l'année* 1781, annonçait textuellement cette grosse nouvelle :

« 6 *juin.* — Le roi de Prusse fait à Gaudentz la revue de *tous* les régiments de la Prusse (orientale et occidentale) qui forment une armée de *cinquante mille hommes!* »

Or, le prédécesseur du roi Guillaume, qui n'assemblait pas alors plus de cinquante mille soldats, n'était autre que Frédéric II, Frédéric *le Grand*, le héros de la guerre de *Sept-Ans*, le vainqueur de Rosbach, et le conquérant de la Silésie.

Si l'effectif général de l'armée, tel qu'il existe sur les cadres, doit subir des réductions considérables lorsqu'il s'agit d'une entrée en campagne ; si l'infanterie prussienne n'est pas la meilleure du monde et si la cavalerie ne vaut probablement pas la cavalerie autrichienne, on peut dire que l'artillerie de la Prusse est excellente, surtout sous le rapport matériel, et qu'elle lui serait d'un grand secours pendant une période de combats.

On dit que les soldats prussiens sont de solides troupiers ; nous le croyons sans peine, surtout en pensant à leur ordinaire que publie un journal de Berlin :

L'approvisionnement pour dix jours des sept corps d'armée prussiens actuellement mobilisés exige 36,324 quintaux de pain, 4,082 quintaux de biscuit, 5,838 quintaux de riz, 1,460 de sel, 973 de café, 97,664 d'avoine, 26,290 de foin, 30,672 de paille ; en outre, 2,316 bœufs, fournissant 4,575 quintaux de viande. Chaque corps d'armée a cinq colonnes d'approvisionnement qui, pour assurer la subsistance de ce corps d'armée, pendant cinq jours, ont besoin de 159 chariots de quatre à six chevaux. La consommation en viande d'un seul corps d'armée, pendant cinq jours, s'élève à 86 bœufs et 278 porcs.

Suivant une statistique, le soldat prussien ne coûte que 775 fr. par homme et par an ; il a au-dessous de lui, pour la dépense, l'Autrichien, 446 fr ; le Russe, 331, et le Turc, 269. Au-dessus viennent : l'Italien, 800 ; le Français, 900, et enfin, le soldat anglais, le mieux rétribué de tous, qui coûte 2,000 fr., le traitement du lieutenant français !

La marine de la Prusse a pris un très-rapide développement dans ces dernières années. Elle compte 57 bâtiments à vapeur armés de 246 canons et représentant une force de 4,996 chevaux, 8 bâtiments à voiles portant 140 canons, 36 chaloupes canonnières de 2 canons chacune et 4 yoles canonnières à 1 canon.

Les forces totales de la Prusse sont au 1er juin divisées en trois corps d'armée.

La première armée, qui est la plus forte, est massée sur la frontière de Saxe, entre Halle et Torgau, et se développe jusqu'au Spréewald auquel elle s'appuie. Elle se compose des quatre corps d'armée de la Poméranie, du Brandebourg, de la Saxe prussienne et de la garde royale. Le roi la commandera en personne, et c'est elle qui prendra l'offensive contre la Saxe royale et contre la Bohême.

La deuxième, destinée à agir en Silésie, se compose des trois corps d'armée de la Silésie, du duché de Posen et de la province de Prusse. La troisième armée ne se compose que des deux corps d'armée de la Westphalie et des provinces rhénanes ; elle est concentrée à Wetzlar, pour observer et menacer les États secondaires. Les provinces rhénanes, la Westphalie et les provinces limitrophes de la Russie sont complétement dégarnies de troupes ; il ne s'y trouve que quelques régiments de landwehr. Même les forteresses ne sont pas en état de défense. Cela suffit, dit une correspondance de Berlin adressée au *Monde*, pour prouver l'amitié, sinon les bons offices dont on se croit assuré de la part de la France et de la Russie.

Aux détails que nous venons de donner il convient d'ajouter ceux qui suivent et qui concernent les principaux États de la Confédération germanique.

La Saxe royale, menacée sur ses frontières d'une invasion de la part de la Prusse, possède une armée active de 25,390 hommes. Dans ce chiffre n'est pas comprise la réserve.

L'armée du Wurtemberg, qui n'est, en temps de paix, que de 11,701 hommes, mise sur le pied de guerre, présente un effectif de 28,786 soldats. L'artillerie wurtembergeoise est très-nombreuse ; elle ne comprend pas moins de neuf batteries.

Quant à la Bavière, elle a, non compris le train et

les compagnies de garnison, les cadres d'une force militaire de 205,668 hommes. Cette armée est très-bien organisée, et on y compte, entre autres, quatre régiments d'artillerie dont un à cheval, et un régiment du génie.

Au besoin, la landwehr active peut fournir 56,000 hommes.

Dans le royaume de Hanovre, l'effectif armé est de 26,938 hommes, dans lesquels sont comprises la gendarmerie et les troupes de police.

Les troupes de la Hesse électorale atteignent le nombre de 12,856, et, en y comprenant le second ban, celui de 15,209 soldats; celles de la Hesse grand-ducale sont de 11,700 hommes.

Avant de quitter l'Allemagne, nous rappellerons que le territoire enlevé au Danemark par la dernière guerre comptait 888,750 habitants ainsi répartis :

Schleswig	365,417
Holstein	476,847
Lauenbourg	46,486

D'après M. Pierre de Lacour, l'état militaire de l'Italie se compose maintenant de deux éléments distincts : l'armée régulière et le corps de volontaires sous les ordres de Garibaldi.

L'armée régulière, dont le noyau est l'ancienne armée sarde, diminuée des contingents de Nice et de la Savoie, a été amalgamée avec les contingents moins militaires des provinces lombardes et napolitaines, des duchés, etc., fournis par les populations annexées aux États de Victor-Emmanuel.

Depuis la loi du 13 juillet 1862, ces contingents, tirés uniformément de toutes les provinces qui composent aujourd'hui le royaume, se divisent en deux parties : la première constituant l'armée proprement dite; la seconde, la réserve.

La première partie se subdivise elle-même en classes *provinciales* et en classe *d'ordonnance*. Les soldats des classes provinciales contractent un engagement de onze ans. Ils en passent cinq sous les armes et six en congé illimité. Pendant cette seconde période de leur vie militaire, ils forment la seconde portion ou réserve de l'armée. La classe dite d'ordonnance comprend les carabiniers royaux (*gendarmes*), et tous les hommes qui sont autorisés à contracter un engagement avant l'âge de la conscription. Ils servent huit années, mais toujours d'une manière effective.

Tous les hommes qui, en France, seraient libérés par leurs numéros, bien que trouvés aptes au service militaire, en Italie peuvent, dans un moment donné, comme dans le cas qui se présente aujourd'hui, être appelés sous les drapeaux et retenus au service actif jusqu'à *la fin de l'année dans laquelle ils ont accompli leurs vingt-six ans d'âge*. Ainsi donc, tout ce qui est reconnu bon pour le service des armées, tout ce qui est valide peut être incorporé tant qu'il n'a pas atteint sa vingt-septième année.

On comprend que cette loi permet à l'État de disposer d'un grand nombre d'hommes pour la guerre.

Le 30 septembre 1863, c'est-à-dire un an après sa promulgation, l'Italie avait 380,000 hommes disponibles. En 1864, à la même date, elle en avait 438,000 ainsi répartis : 192,000 des classes provinciales, 101,000 de la classe d'ordonnance, soit 293,000 pour la première catégorie (par conséquent sous les drapeaux), 122,000 pour la seconde catégorie (c'est-à-dire dans la réserve). En y ajoutant 13,000 officiers du corps actif et 10,000 officiers et sous-officiers des corps sédentaires, vétérans, écoles militaires, etc., on arrive au total de 438,000 *militaires* italiens. Sur ce nombre, 300,000 seulement étaient réellement présents dans les corps de troupes; savoir : 174,000 des classes provinciales, 101,000 des classes d'ordonnance et 25,000 officiers des corps actifs et sédentaires.

En Italie, le nombre des réformés s'élève en moyenne, chaque année, au quart des inscrits; celui des exemptés, à titre de soutien de famille, est également assez considérable, et en outre les évêques ont le droit de demander la dispense pour un élève ecclésiastique sur vingt mille habitants.

Abstraction faite des volontaires, le royaume d'Italie peut aujourd'hui, si ses finances lui en laissent la faculté, mettre sur pied environ 600,000 soldats.

Les cadres de l'armée régulière sont composés de la manière suivante :

1° *Infanterie*. — 72 régiments de ligne à 4 bataillons de 4 compagnies; 7 régiments de bersaglieri ou chasseurs à pied. Total, 316 bataillons, donnant 266,000 hommes sur le pied de paix et pouvant être portés à 450,000 sur le pied de guerre.

2° *Cavalerie.* — 4 régiments de ligne, 20 de cavalerie légère, 2 de guides, tous à 6 escadrons. Total, 156 escadrons donnant 22,000 chevaux, pouvant être portés à 40,000.

3° *Artillerie.* — 1 régiment d'ouvriers à 18 compagnies dont 9 actives et 9 de dépôt ; 3 compagnies d'invalides ; 3 régiments de garnison à 16 compagnies actives et 3 de dépôt ; 6 régiments de campagne à 15 batteries actives et 6 compagnies de dépôt ; 1 régiment de pontonniers à 6 compagnies actives et 1 de dépôt ; ce qui constitue une force de 30,000 hommes, de 36,000 chevaux avec les attelages, et de 450 bouches à feu de campagne pour le matériel. C'est la partie la plus fortement constituée de l'armée italienne. L'artillerie piémontaise a, du reste, toujours eu un certain renom d'habileté qu'elle mérite.

4° *Génie.* — 2 régiments de sapeurs d'un effectif toujours au complet de 3,400 hommes par régiment.

5° *Train des équipages.* — 3 régiments donnant un total de 8,500 hommes, conducteurs compris.

6° *Carabiniers royaux* (gendarmerie). — 20,000 hommes à pied et à cheval répartis dans les provinces et départements pendant la paix, et dont une portion est employée, pendant la guerre, aux armées, et compose alors, comme en France, la force publique.

7° *Corps sédentaires.* — Vétérans, écoles militaires, invalides, etc., 17,000 hommes.

8° *Corps administratif.* — Pour le service des hôpitaux, des magasins, des vivres, de l'habillement, etc., 6,000 hommes répartis en temps de paix dans les établissements militaires, envoyés aux armées pendant la guerre.

9° *Corps d'état-major.* — 210 officiers.

Ces cadres, qui, au commencement de l'année 1866, ne dépassaient pas le chiffre de 380,000 hommes, atteignent aujourd'hui, nous assure-t-on, celui de 600,000 combattants, chiffre énorme, et que les régiments de volontaires en formation vont encore accroître d'une manière notable.

Garibaldi, improvisé si souvent général, doit avoir, dit-on, sous ses ordres, dix régiments de *chemises rouges*, chaque régiment, à deux bataillons, de 1,500 hommes, et déjà même l'on parle d'un troisième bataillon qui porterait ce corps de 21 à 22,000 combattants.

L'armée sera commandée par le roi en personne :

il aura sous ses ordres le général La Marmora comme chef d'état-major, et le général Petitti comme sous-chef; elle sera divisée en quatre corps : le premier corps, Lodi, général Durando; le deuxième, Crémone, général Cucchiari; le troisième, Plaisance, général Della-Rocca; le quatrième, Bologne, général Cialdini. Les seize divisions dont se composent ces quatre corps seront commandées par les généraux : le prince Humbert, Bixio, Brignone, Cadorna, Casanova, Cerale, Chiabrera, Cosenz, Cugia, Govone, Medici, Mezzacapo, Nunziante, duc de Mignone, Pionelli, Recatti et Sirtori. La division de cavalerie de réserve sera commandée par le général de division Maurice de Sonnaz. Le génie est placé sous les ordres du général Menabreai.

Les volontaires, sous le commandement de Garibaldi, porteront la classique chemise rouge; ils auront 250 guides à cheval et deux batteries de montagne. Les dépôts seront établis à Côme et à Foggia, ce qui semble indiquer un double plan d'attaque sur le Tyrol et sur les côtes de Dalmatie.

La flotte italienne, que commande l'amiral Persano ayant pour chef d'état-major le contre-amiral d'Amico et pour chefs d'escadre les contre-amiraux Albini et Vacca, est ainsi composée :

1re escadre (de bataille), sous les ordres immédiats du commandant en chef. — Frégates : *Re d'Italia* (amiral) — *Re di Portogallo* — *San Martino* — *Ancona* — *Maria Pia* — *Castelfidardo* — *Affondatore* — *Messaggiero* (aviso).

2e escadre (subsidiaire), sous les ordres du vice-amiral comte Albini : chef d'état-major, marquis Paulucci (Vénitien). — Frégates : *Maria Adelaida* (amiral) — *Duca di Genova* — *Vittorio Emanuele* — *Gaeta* — *Principe Umberto* — *Carlo Alberto* — *Garibaldi* — Corvettes : *Principessa Clotilda* — *Etna* — *San Giovani* — *Guiscardo*.

3e escadre (de siége), sous les ordres du contre-amiral Vacca. — Frégate : *Principe di Carignano*. — Canonnières : *Palestro* — *Varese*. — Corvettes : *Terribile* — *Formidabile* — *Esploratore* (aviso).

Flottille annexée à l'escadre de bataille : *Montebello* — *Vinzaglio* — *Confidenza*, canonnières de 2e classe ; — *Sirena*, aviso ; — *Washington* — *Independenza*, transports.

A VENISE

Venise, lève-toi ! — Dans ta honte engourdie,
Quand le fouet germain rompra-t-il ton sommeil ?
Nul de tes grands, valet par le pain qu'il mendie,
N'ose-t-il d'un seul mot provoquer ton réveil ?

Dors !... Et les souvenirs dont ton orgueil s'amuse
A l'abîme avec toi vont tomber sans retour;
Et bientôt de sa rame un pêcheur de Raguse
Heurtera les débris de ta dernière tour.

Et cependant, esclave, on s'en souvient encore,
Jadis on te vit reine, et ton lion ardent
Fit pencher le croissant sur les bords du Bosphore,
Et l'aigle des Césars a crié sous sa dent.

Et moi, jeune et soldat, lorsque dans ton enceinte
Je dus porter mes pas sur les pas du vainqueur,
De quelle émotion religieuse et sainte
Ton merveilleux aspect fit-il battre mon cœur !

J'admirais tour à tour, beauté mystérieuse,
De tes mille palais le glorieux trésor;
Et ces canaux d'azur, route voluptueuse,
Où d'un riant soleil tremble le réseau d'or.

Comme en tes plus beaux jours, du poète adorée,
Ainsi, charmante, au sein des liquides déserts,
Triomphante oasis, d'or et d'azur parée,
Du fond de l'Océan tu montais dans les airs.

Touché de tes douleurs, enivré de tes charmes,
D'un magique ascendant je dus subir la loi :
Poète, auprès de toi je maudissais mes armes,
Soldat, j'eusse été fier de combattre pour toi !

Alors, tout palpitant de pensers poétiques,
Je te redemandais à la nuit du passé,
Telle que l'on te vit sur les monts dalmatiques
mposant le tribut à leur sommet glacé.

Aux remparts de Zara, sous les murs de Candie,
Je t'entendais alors poussant un cri vengeur :
De tes Mocenigo la race abâtardie
M'apparaissait encor sans reproche et sans peur.

Mais, comme une beauté que le temps a trahie,
Qui, jouet méprisé d'un muet désespoir,
Odieuse aux amours, de soi-même haïe,
Baigne en secret de pleurs un fidèle miroir.

Toi qu'avec tant d'orgueil portait l'Adriatique,
Je t'ai revue ainsi, Venise, en tes regrets,
Pencher sur les flots bleus ton front mélancolique,
De douleurs frémissante et pâle... — Tu pleurais!

De ton manteau ducal la pourpre était flétrie;
Tu traînais à ton flanc quelques lambeaux de deuil;
Et ton lion mourant, sous son aile meurtrie,
De tes héros à peine abritait le cercueil.

Tu pleurais..... — Il est temps de payer tant de larmes!
La dette ne se peut acquitter à demi.
Il ne faut emprunter qu'un homme avec des armes,
— Un homme aux gondoliers; — une arme à l'ennemi.

Marino contre toi fulmina l'anathème;
Mais son courroux vaincu doit enfin le lever.
— Dans l'excès de tes maux une force suprême
Vit, respire... — On peut tout quand on veut tout braver

De tes doges éteints étouffe la mémoire;
Brise ton livre d'or et le pont des Soupirs:
Et de tes premiers temps recommençant l'histoire,
Arme contre un tyran tes plus beaux souvenirs.

Ose exhumer ces jours que ton orgueil dénie
Lorsque, fuyant de Dieu l'implacable fléau,
Sur les sables déserts du Lido, ton génie
Aux mains d'obscurs pêcheurs confia ton berceau.

De tes aïeux alors la troupe mutilée,
Mais fière de l'exil et de la pauvreté,
Insulta bravement au bourreau d'Aquilée
Et fonda ta puissance en criant : « Liberté! »

Avec Manin, Venise a prouvé qu'elle avait de terribles réveils : à l'approche de l'armée libératrice et de l'intrépide roi d'Italie, elle saura d'un élan briser ses chaînes.

Nous ne saurions mieux clore cet opuscule qu'en reproduisant la lettre de l'Empereur lue par le ministre d'Etat à l'ouverture de la séance du Corps législatif du 12 juin 1866. Nous détacherons du procès-verbal cet important document :

« M. le président Walewski. — M. le ministre d'Etat a la parole.

« S. Exc. M. Rouher, ministre d'Etat. — (Mouvement général d'attention). Messieurs, la discussion générale sur les lois de finances devait naturellement ramener l'attention sur les questions extérieures. Aussi ai-je reçu la mission de faire connaître au Corps législatif les motifs qui ont déterminé le gouvernement à provoquer, dès la fin du mois d'avril dernier, auprès de l'Angleterre et de la Russie, une entente pour l'ouverture de conférences internationales. J'ai aussi la mission de lui dire les propositions que nous désirions faire prévaloir dans ces conférences, et la ligne de conduite que veut observer l'Empereur en face des événements actuels. (Très-bien! très-bien!)

« Cette mission, je ne saurais mieux la remplir qu'en donnant lecture au Corps législatif d'une lettre adressée par Sa Majesté au ministre des affaires étrangères, à la date du 11 juin 1866.

« Cette lettre est conçue dans les termes suivants. (Ecoutez! écoutez! — Profond silence.)

« Palais des Tuileries, le 11 juin 1866.

« Monsieur le ministre, au moment où semblent s'évanouir les espérances de paix que la réunion de la Conférence nous avait fait concevoir, il est essentiel d'expliquer par une circulaire aux agents diplomatiques à l'étranger les idées que mon gouvernement se proposait d'apporter dans les conseils de l'Europe et la conduite qu'il compte tenir en présence des événements qui se préparent.

« Cette communication placera notre politique dans son véritable jour.

« Si la Conférence avait eu lieu, votre langage, vous le savez, devait être explicite ; vous deviez déclarer, en mon nom, que je repoussais toute idée d'agrandissement territorial » (Très-bien! très-bien!) « tant que l'équilibre européen ne serait pas rompu. » (Mouvement.) « En effet, nous ne pourrions songer à l'extension de nos frontières que si la carte de l'Europe venait à être modifiée au profit exclusif d'une grande puissance » (Approbation), « et si les provinces limitrophes demandaient, par des vœux librement exprimés, leur annexion à la France. (Nouvelle approbation.)

« En dehors de ces circonstances, je crois plus digne de notre pays de préférer à des acquisitions de territoire le précieux avantage de vivre en bonne intelligence avec nos voisins (Très-bien ! très-bien !) « en respectant leur indépendance et leur nationalité. » (Nouvelles marques d'approbation).

« Animé de ces sentiments et n'ayant en vue que le maintien de la paix, j'avais fait appel à l'Angleterre et à la Russie pour adresser ensemble aux parties intéressées des paroles de conciliation.

« L'accord établi entre les puissances neutres restera à lui seul un gage de sécurité pour l'Europe. (Très-bien ! très-bien !) Elles avaient montré leur haute impartialité en prenant la résolution de restreindre la discussion de la Conférence aux questions pendantes. Pour les résoudre, je croyais qu'il fallait les aborder franchement, les dégager du voile diplomatique qui les couvrait et prendre en sérieuse considération les vœux légitimes des souverains et des peuples. (Très-bien ! très-bien !)

« Le conflit qui s'est élevé a trois causes :

« La situation géographique de la Prusse mal délimitée ;

« Le vœu de l'Allemagne demandant une reconstitution politique plus conforme à ses besoins généraux ;

« La nécessité pour l'Italie d'assurer son indépendance nationale.

« Les puissances neutres ne pouvaient vouloir s'immiscer dans les affaires intérieures des pays étrangers ; néanmoins, les cours qui ont participé aux actes constitutifs de la Confédération germanique avaient le droit d'examiner si les changements réclamés n'étaient pas de nature à compromettre l'ordre établi en Europe.

« Nous aurions, en ce qui nous concerne, désiré pour les Etats secondaires de la Confédération une union plus intime, une organisation plus puissante, un rôle plus important (Assentiment) ; pour la Prusse, plus d'homogénéité et de force dans le Nord ; pour l'Autriche, le maintien de sa grande position en Allemagne. (Très-bien !) Nous aurions voulu, en outre, que, moyennant une compensation équitable, l'Autriche pût céder la Vénétie à l'Italie (Très-bien ! très-bien) ; car si, de concert avec la Prusse, et sans se préoccuper du traité de 1852, elle a fait au Danemark une guerre au nom de la nationalité allemande, il me paraissait juste qu'elle reconnût en Italie le même principe en complétant l'indépendance de la Péninsule. (Mouvement approbatif.)

« Telles sont les idées que, dans l'intérêt du repos de l'Europe, nous aurions essayé de faire prévaloir.

Aujourd'hui, il est à craindre que le sort des armes seul en décide. (Sensation.)

« En face de ces éventualités, quelle est l'attitude qui convient à la France ? Devons-nous manifester notre déplaisir parce que l'Allemagne trouve les traités de 1815 impuissants à satisfaire ses tendances nationales et à maintenir sa tranquillité ?

« Dans la lutte qui est sur le point d'éclater, nous n'avons que deux intérêts : la conservation de l'équilibre européen, et le maintien de l'œuvre que nous avons contribué à édifier en Italie. » (Très-bien ! très-bien !) « Mais, pour sauvegarder ces deux intérêts, la force morale de la France ne suffit-elle pas ? Pour que sa parole soit écoutée, sera-t-elle obligée de tirer l'épée ? Je ne le pense pas. » (Sensation marquée. — Très-bien ! très-bien !)

« Si, malgré nos efforts, les espérance de paix ne se réalisaient pas, nous sommes néanmoins assurés, par les déclarations des cours engagées dans le conflit, que, quels que soient les résultats de la guerre, aucune des questions qui nous touchent ne sera résolue sans l'assentiment de la France. » (Très-bien ! très-bien !)

« Restons donc dans une neutralité attentive, et, forts de notre désintéressement, animés du désir sincère de voir les peuples de l'Europe oublier leurs querelles et s'unir dans un but de civilisation, de liberté et de progrès, demeurons confiants dans notre droit et calmes dans notre force. » (Bravos et applaudissements prolongés. — Mouvement général.)

« Sur ce, monsieur le ministre, je prie Dieu qu'il vous ait en sa sainte garde.

« NAPOLÉON. »

Cette lecture est suivie de nouvelles manifestations approbatives, auxquelles se mêle le cri de « Vive l'Empereur ! »

Si nous osions nous exprimer ainsi, nous dirions que la lettre qu'on vient de lire résume admirablement les idées émises dans notre humble volume : le mécanisme imparfait de la Constitution germanique, la mauvaise conformation géographique de la Prusse, les invincibles aspirations de l'Italie vers la Vénétie, y sont en effet indiqués comme la triple cause de malaise qui tient l'Europe en armes et menace de faire couler le sang.

La déclaration relative au désintéressement de la France tant que l'équilibre européen ne sera pas rompu, l'affirmation itérative du principe des nationalités, l'invitation indirecte adressée à l'Autriche de respecter en Italie ce principe pour lequel elle a combattu dans les Duchés, la définition des deux seuls intérêts que la France ait en vue dans le conflit, savoir : « la conservation de l'équilibre européen et le maintien de l'œuvre que nous avons contribué à fonder en Italie, tout cela caractérise, on ne saurait le nier, une politique nette, forte, désintéressée et parfaitement nationale.

Si jusqu'à présent la France reste neutre, elle n'est pas indifférente; elle dit ce qu'elle veut et définit par avance la limite où s'arrêtera sa neutralité.

L'Europe est avertie.

FIN.

A LA MÊME LIBRAIRIE

Collection in-18 à 3 fr. 50.

JOURNAUX ET JOURNALISTES

PAR ALFRED SIRVEN.

Journal des Débats. 1 vol.
Le Siècle. 1 vol.
La Presse et la Liberté. 1 vol.
La Gazette de France. 1 vol.

Catéchisme d'économie politique, par Du Mesnil-Marigny. 1 vol.

LES MYSTERES DE LA POLICE

PREMIÈRE SÉRIE.

La Police en France depuis Louis XIV jusqu'à la Révolution. 1 vol.

DEUXIÈME SÉRIE.

La Police pendant la Révolution et l'Empire. 1 vol.

TROISIÈME SÉRIE.

La Police contemporaine. 1 vol.

Œuvres de Robespierre, annotées par M. Vermorel. 1 vol.
Œuvres de Danton, annotées par M. Vermorel. 1 vol.
Œuvres des Girondins (Vergniaud, Gensonné, Guadet), annotées par M. Vermorel. 1 vol.

Imprimé par Ch. Noblet, rue Soufflot, 18.

www.ingramcontent.com/pod-product-compliance
Lightning Source LLC
LaVergne TN
LVHW020019170826
845678LV00001B/45

* 9 7 8 2 3 2 9 7 9 2 6 9 9 *